反骨のDNA

時代を映す人物記

横田 喬／著
（元朝日新聞社会部記者）

同時代社

はじめに

ここ何年か、ずっと胸がむかむかしている。「もり」「かけ」「桜」……、アベ一強政権がスキャンダルまみれなのに、一向にレッドカード＝即退場とは相成らないからだ。忖度《そんたく》という言葉がはやり、絶対権力の前にお歴々が立ちすくんでしまう構図。日本社会や日本人は一体どうなってしまったのか。つくづく情けなく、嘆かわしい思いがする。

一昔前には、もっと骨のある人物、気骨や反骨をそなえた人間がこの国のあちこちに確実に存在した。朝日新聞社会部記者としての長らくの取材経験を通じ、私にはそう言い切れる確信がある。政治や行政方面に限らず、経済・学術・文化・スポーツ・芸能などあらゆる分野に渡り、「反骨の士」を拾い上げようという私なりのもくろみがこうして始まる。全ては、現状に対する強い憤懣の余りゆえだった。

本書の基盤は、月刊誌『大法輪』（大法輪閣）に今年春まで丸三年半、全四二回にわたって連載した人物記シリーズである。取り上げた対象は、私が直に対面し、肉声に接した方々に限っている。間接的な伝聞では、時として評価を誤る場合があるからだ。本書執筆に当たり、うち三四回分を選び出し、新たに岡本太郎編を書き加え、全体にかなりの分量の推敲・加筆を施している。構成は三部から成る。

第一部は本書のいわば肝に当たる。肝とする以上、日本の将来にとって重要な「沖縄（すなわち日米問題）」「貧困問題」「地方自治」「長寿人口」「国際交流」などのテーマが欠かせない。それらの課題を語るにふさわしいと私が考える六人の方々に新規に取材を申し込み、縦横に語って頂いた。

いわば間奏曲とも言える第二部は、ずばりスポーツ・芸能方面だ。私は幼い頃から並み外れた虎キチで、かつ大変な映画好き。朝日新聞記者当時の私が取材で出会った「忘れ得ぬ個性」ばかり男女各五人（現存者と故人の別も五人ずつ）を選出。その道の神髄を語ってもらうよう努めた。

第三部で紹介する一五人は全て故人ばかり。作家や美術家・学者・政治家・経済人……と各分野にわたる知名度の高い人物がほとんど。長らくの記者稼業のおかげで対面がかない、肉声に触れることができた。墓碑銘ではないが、骨っぽい一言居士ぞろいゆえ、「これだけは言っておく」と表題を振った。

二〇二〇年八月

横田　喬

反骨のDNA／目　次

第2部　書を捨てて外へ出よう

第3部　これだけは言っておく

第1部

今や日本も世界もおかしい

大江健三郎さん

「今、日本は戦後最大の危機を迎えている」

おおえ・けんざぶろう（一九三五〜）

ご存知ノーベル文学賞受賞の大作家だ。若くして文壇にデビューし、芥川賞受賞の学生作家として名を上げる。「ヒロシマ」「オキナワ」など重いテーマに関心が深い社会派として知られ、護憲運動のリーダーとしても活発に活動している。

大江さんへの共感

大江健三郎さんとの御縁は、我々の共通の恩師に当たるフランス文学者・渡辺一夫先生に源がある。渡辺先生は大江さんがゆかり夫人と結婚する折に仲人を依頼され、作品の中にも度々「恩師のW教授」として登場する。ラブレーなど仏ルネサンス文学の実証的研究を確立し、フランスの文学賞や読売文学賞・朝日賞などを受けた碩学だ。私は駒場の東大教養課程に在学中、

「学生作家」当時の大江健三郎さん（1958年頃）

たまたま先生の心楽しいエッセイ集『うらなり抄』（光文社刊）を一読して大ファンになり、仏文科進学を選んだ。同書からお人柄がうかがえる筆致を引くと、

——気持ちが内攻すると、しこりとなり、それが癌にもなるかもという珍説を唱え（中略）、僕はいつも女房を笑わせようと努力している。笑いは健康のもとだからだ。

そして、「酔っ払いについて」と題し、

——自分でも恥ずかしいと思ったことが両三度《りょうさんど》ある。

と書き起こし、二〇代のころに大酔して国電で度々寝過ごした失敗談やら、ひどく酔っぱらったあげく奇異な振る舞いに及んだ悔恨の念やらを正直に打ち明けている。

むろん、真っ当な学者の面目も示され、含蓄《がんちく》ある言葉がこう綴られる。

——平和とは、戦乱を産み出す様々な邪なものを人間の理性が汗みどろ血みどろになって抑えつける努力が持続している間のことを言う。

そして、先生の「戦中日記」は、こう記す。

——知識人の弱さ、あるいは卑劣は致命的であった。（中略）知識人は、考える自由と思想の完全性を守るために、強く、かつ勇敢でなければならない。

幸い本郷へ進学後、私は渡辺先生から随分可愛がって頂き、仏文科の懇親会などで杯を交わし合う親密な仲にもなれた。私は学業優秀な部類では決して なかったが、言動に表裏がなく、性根が真っ直ぐだとお認め頂けたのかも知れない。

本郷の蕎麦屋二階での酒席だったか、大江さんが少し遅れて参加。幹事役の学生に「さっきＮＨＫでもらったんだけど」と謝礼入りの封筒をそっくり渡す場面に居合わせ、気前の良さに感心した覚えもある。当時の記憶は幸せな白日夢に似て、思い起こすだけでほのぼのとした心地に包まれる。

大江さんは東大在学の学生作家として五七年に文壇的デビュー作の『死者の奢《おご》り』を、翌年には芥川賞受賞作『飼育』や長編の『芽むしり仔撃《こう》ち』などを立て続けに文芸雑誌に発表する。私はそれらを読むたびに心底強いショックを受けた。文体や言語表現に天性的なみずみずしさが光り、監禁、拘束状態に置かれる人間の閉塞感という共通するテーマにも強い共感を覚えたからだ。持って生まれた才能の違いは恐ろしい、とつくづくうらやましかった。

「ヒロシマ・ノート」の連載

彼は一九三五（昭和一〇）年一月、愛媛県喜多郡大瀬村（現内子町）に生まれた。旧大瀬村は県庁所在地・松山市から三〇余キロ南方の山村で、四囲を険しい山岳や丘陵に囲まれる人口三百人弱の谷間の小集落だ。子供のころ、家の使用人の老女が明治初めに「谷間の村」で突発した一揆話をもごもご語って聞かす。変革をめざす決起は官憲が介入、鎮圧され、あえなく挫折する。健三郎少年は老女の語り口を真似て、遊び友達などを前に生き生きとより巧妙に一揆話を披露し始める。後年の大江文学に頻出する「谷間の村の一揆譚」の芽生えである。

国民学校（今の小学校）五年の四五年八月に敗戦。一ヵ月後、彼は急に不登校に陥り、大きな植物図鑑を携え来る日も来る日も独り森の中で過ごす。戦中の皇国教育は一八〇度転回し、急造の「民主主義教育」へ衣替えする。教室で学ぶ意欲が失せた彼の胸中は、一学年下の私にもよく判る。

秋の半ば、強い雨で土砂崩れが起き、森に取り残された彼は発熱、行き倒れに。翌々日、村の消防団員が発見、手当てを受け、命を取り留める。彼の諸作品に「森」が神秘的——畏怖すべき存在として登場するのは、この原体験ゆえか。翌々年、誕生したばかりの新制中学へ進んだ直後に新憲法施行。感性の瑞々しい時期に「反戦」「平和」「民主」の理念を感受、思想形成に強い影響を受ける。

大江（敬称略）は六〇（昭和三五）年に高校時代の親友・伊丹十三（俳優・映画監督）の妹ゆかりと結婚。三年後、長男・光が誕生するが、不幸にも重い頭蓋骨異常を抱え、知的障害を負っての出産だった。親としての懊悩《おうのう》は如何ばかりだったか、想像に余りある。

光の誕生から間もない同年夏、大江は原爆被災地・広島を初めて訪問する。翌年も広島を歴訪し、原水爆禁止世界大会や被爆者団体・原爆病院などを念入りに取材。月刊誌『世界』（岩波書店）にルポ風のエッセイ「ヒロシマ・ノート」を連載し始める。原爆投下によるヒロシマの受難は、「アウシュヴィッツを超えるほどの人間的悲惨さでありながら、国際政治のマキアベリズム故にか、決して十分に知られているというわけにゆかない」と彼は記す。

広島日赤と原爆病院との両院長を兼ねる重藤文夫博士は被爆から七年目に血液の癌《がん》とも言うべき白血病と原爆被爆との相関関係を解明する。取材当時の一年間に原爆病院で四七人が被爆が基で死亡し、死因のほとんどは白血病ないし癌だった。年配者ばかりとは限らず、幼いころに被爆した二〇歳前後の若い男女の尊い命さえ奪ってしまう酷い悲劇も幾つか含む。大江はこう指摘する。

――ヒロシマは人類全体の最も鋭く露出した傷のようなもの。人間の回復の希望と腐敗の危険との二つの芽の露頭《ろとう》がある。

六五（昭和四〇）年に初めて米軍施政下の沖縄を訪ねて以来度々彼の地へ渡り、七〇年にそのレポート『沖縄ノート』（岩波新書）を著す。沖縄の人々が取り組む苦渋に満ちた反戦の闘いを熱い共感をもって受け止め、「本土とは何か」「日本人とは何か」と根源的に問い詰め、独特の晦渋な口調でこう記す。

――核時代の今日を生きる犠牲と差別の総量に於いて、真に沖縄は日本全土を囲い込んだに等しく、しかもなおそれを超えて膨大な重荷を支えている。今日の日本の実体は、沖縄の存在の陰に隠れて秘かに沖縄に属することに依ってのみ、今かくの如く偽の自立を示し得ているのだ、と透視されるであろう、と。

私も沖縄の現状に大きな負い目を感じる一人として、その指摘には強い共感を覚える。

「あいまいな日本の私」

知的障害児の長男・光誕生の翌六四（昭和三九）年に著した小説『個人的な体験』（新潮社）は疑似私小説ともいうべき構成をとる。障害児を持つ父親「鳥（バード）」が様々な精神的遍歴の末、想像力の助けによって現実と向き直るに至る経過を描き、新潮社文学賞を受ける。以後、障害児との共生を主題とする作品が増えてくる。

七三（昭和四八）年に発表した長編『洪水はわが魂に及び』（新潮社）は、「障害児」と「森」と「核状況」を重要なファクターとして設定する。東京郊外の森のふもとの「核シェルター」に「白痴の息子」と自閉する主人公は首都崩壊を予知、脱出を夢見るが、曲折の末に反社会的集団と手を結び、機動隊を前に自壊していく。私は七〇年前後の東大安田講堂事件や連合赤軍の浅間山荘籠城事件を連想。感性が鋭敏過ぎる故に既成秩序と折り合えない「未熟児」たちへの挽歌、と解した。

社会的な事件をからめる手法は『万延元年のフットボール』（六七年、講談社）も同じ。明治維新から八年さかのぼる一八六〇（万延元）年に四国の山村で起きた百姓一揆と百年後の一九六〇年の安保闘争を照合。閉鎖的状況での革命的な反抗を描いて強い反響を呼び、当時最年少で谷崎潤一郎賞を受けた。ただ、書き出しの辺りの文章が回りくどく難解で読み進むのに閉口し、悪文の典型ではとさえ私は感じた。

だが、この彼独特の表現手法が後年のノーベル文学賞受賞の折に、「近代の標準的な日本語の東京方言に対抗し得る『(散文)詩的な言語』」として評価されるから、面白いものだ。周知の通り、九四（平成六）年に彼は川端康成以来二六年ぶりの日本人二人目としてノーベル文学賞を受ける。受賞理由は「詩的な力によって想像的な世界を創り出した。その世界では生命と神話が凝縮され、現代の人間の窮状を映す摩訶《まか》不思議な情景が描かれている」。

ストックホルムでの晩餐会基調講演で、大江は前回・川端の講演「美しい日本の私」をもじり、「あいまいな日本の私」と題して

――（川端の言う）「美しい」という概念はvague（曖昧《あいまい》）で実体不明な神秘主義に過ぎない。私は日本をambiguous（両義に取れる、曖昧）な国として捉える。

と述べ、「前近代・日本と近代・西洋ふうに引き裂かれた国」としての日本を語った。

「社会参加」を信条とする大江は二〇〇四（平成一六）年、憲法九条の「戦争放棄」の理念を守ることを目的として加藤周一・鶴見俊輔両氏らと共に「九条の会」を結成し、全国各地で講演会を開催。一五（平成二七）年にはジャーナリスト鎌田慧氏と連名で記者会見し、原発再稼働反対を表明する。「今、日本は戦後最大の危機を迎えている」と説き、強権的な「アベ政

治」の在り方に強い抗議の念を表した。昨今の「森友」「加計」「桜を見る会」等々の一連の疑惑をめぐる安倍政権の悪質な欺瞞《ぎまん》――居直りに対し、彼はさぞかし怒り心頭の思いだろうと推察する。

実は、この原稿を雑誌連載の「人物記」シリーズの一こまとして活字化する直前、私は原稿同封の信書を大江さんの都内のご自宅へ送付した。内容に誤りがあっては、と懸念してである。折り返し返信があり、「御配慮をいただきましたが、訂正をおねがいしたいところはありません」と丁重な文面。お人柄が偲ばれ、はなはだ恐縮した。ペンの文字は一字一字が大きく躍動的で、いささかやんちゃな気配さえ漂う。この大作家の個性を考える上で、真に参考になった。

〈『大法輪』二〇一八年九月号〉

上野千鶴子さん

「私は育ちが悪いの」

うえの・ちづこ（一九四八〜）

家族社会学・ジェンダー論・女性学を専攻する東大名誉教授。世間周知のフェミニズム（女性解放論）切っての論客だ。鼻っ柱が強くてケンカっ早く、かつケンカ上手で、口八丁手八丁。富山県出身の同郷人という縁もあり、私は贔屓《ひいき》に回りたい方だ。

曽野綾子との論争

初対面は三一年前の一九八九（平成元）年で、彼女は当時四一歳、京大文学部大学院修了。社会学・文化人類学・記号学などを専攻し、肩書は京都精華大助教授。若くして著書には『セクシーギャルの大研究』『資本制と家事労働』『構造主義の冒険』『女という快楽』などの話題作が数々あった。（注：記事掲載は同年一一月一八日付け「朝日新聞」富山版）

社会学者・上野千鶴子さん（1990年12月3日撮影、東京・上野で。朝日新聞社提供）

昼下がりにJR京都駅からほど近い寿司屋で落ち合い、寿司をつまみ生ビールのジョッキを傾けながら、しばらくやりとりを交わした。私の一番の関心は、保守的な風土の北陸に育ちながら、なぜ女性解放の旗手と仰がれる先鋭的な存在になったのか、という一点。彼女の説明はすこぶる明快で、なるほどなあと合点がいった。

彼女は富山市内の開業医の家に生まれ、兄と弟との三人きょうだいの真ん中の独り娘。両親とりわけ父親に溺愛され、大事な箱入り娘として育つ。いわく、

――父は、女の子が自転車に乗るのは危ない、と練習をさせなかったほど。私は、自分を抑えることをしないで、ちやほや甘やかされて大きくなった。分をわきまえる育ちにならなかったのね。だから、自分の頭を抑えにかかってくるものにはガマンならない。自分では「私は育ちが悪い」と言ってるの。

当時の彼女は、①挑発には乗る②売られたケンカは買う③ノリかかった舟からはオリない、を処世三原則として掲げていた。ケンカっ早く、かつケンカ上手で、この取材の直前には、作家・曽野綾子との論争が話題を呼んだ。

曽野の上野批判（『新潮45』八九年九月号の「夜明けの新聞の匂い」）は、例えばフェミニズム批判として、

――私は昔から、いわゆるフェミニズム運動が嫌いである。

――昔からほんとうの実力ある女は、黙って働いて来た。戦前でも、だれも海女や行商のおばさんや電話の交換手さんのことをばかにしたり、彼女らはいなくていい存在だなどと思った人はいない。

一方、上野による反批判（『月刊Asahi』八九年一一月号の「女による女叩きが始まった」）はこうだ。

――「ほんとうの実力ある女は、黙って働いてきた」という言い方で、曽野さんは、私は実力があるから発揮してきた、実力を発揮できないあなたはしょせんバカなのよ、と言い放っていることになるのだ。

――エリートの女はあまりにプライドが高いために、個人の問題を類の問題に結びつけることができない。その結果、彼女たちは強者の論理を身につけ、弱者への想像力を失ってしまう。エリート女のエリート主義は困りものだ、と自戒をこめて言っておこう。

そして、フェミニズムは社会的弱者の運動であること、女が「実力を身につける」のに様々な構造的な障害があることが問題なのであり、その構造的な障害をなくそうというのがフェミニズム運動であることを諄々《じゅんじゅん》と説く。

思うに、当時の曽野には上野に対する「上から目線」があったのではないか。カトリック作家として社会的栄光を手にする我が身と、京都の一私大の助教授ふぜいの論敵。少々たしなめてくれよう、と見くびる気持ちがなくはなかったか。だが、鋭利な頭脳と的確な言語表現力で勝負あり、私は上野の完勝と判定する。

好きな男性は「色川大吉さん」

それから五年後の平成六年、思わぬ形で彼女との再会がかなう。都内で開かれた歴史家・色川大吉さんの新著出版記念パーティの席だった。色川さんは六〇年安保闘争へ参加、「底辺の視座」に立つ民衆史を研究し、行動する学者として私が深く尊敬する人物の一人だ。

色川さんから祝辞のスピーチを述べるよう急に指名され、事前に用意のない私はへどもどしながらも務めをなんとかこなした。一息ついて辺りを見回すうち、参会者の中に上野さんが居るのに気づく。あでやかな和服姿だったように記憶する。彼女に近づき、「一別来です」と祝杯のおかげもあって軽口をたたいた。彼女は私のことを覚えていて、少々はにかんだような笑顔と言葉を返した。

初対面のころ、上野さんは朝日新聞に「ミッドナイト・コール」と題するエッセイを連載していた。「かさばらない男」と題するその一編に、色川さんがこう紹介されている。

――「好きな男性は？」と聞かれて、わたしはすかさず「色川大吉さん」と答えてしまった。

（中略）色川さんは小柄で風采のあがらない初老の歴史学者（ゴメンなさい）。見てくれはおしゃれでもなければ、カッコよくもない。このひとは、笑顔がすばらしい。相手の心の中を見透かすような哀しい眼をして、くしゃくしゃと笑み崩れる。

そして、色川さんは旧制高校山岳部仕込みの山スキーが得意で、スキューバダイビングもやるし、ヒマラヤ登山もする体力は驚嘆に値すること。わたしは色川さんと講演旅行でオーストラリア各地をレンタカーで一千キロも相乗りをした仲であること。等々を書き添え、「かさばらない」えがたい存在にして、「筋金入りのモラリスト」と敬意を示す。

私は言いえて妙、と共感した。彼女の連載エッセイは着眼点・文章表現ともなかなか秀逸で、その才能には時として羨望や嫉妬めく思いさえ感じたことも正直に白状しておく。

彼女はこの再会の前年に東大文学部助教授に迎えられ、二年後には教授に昇進する。初対面の折、大学の進学先を京大にしたことを「大当たりだった」と自認し、こう言った。

――関西は本音の文化だから、口先で何を言ってもビクともしない。東京人のように建前に捉われないから、カッコつけてもの言ってもダメ。しっかり鍛えられたのでよかった。

東大の入学式での祝辞

上野さんは還暦目前の二〇〇七（平成一九）年、著書『おひとりさまの老後』（法研）がベストセラーになる。独居老人をめぐる諸問題は、彼女自身の身の上とも重なる切実なテーマだったのだ。そして、四年後には五〇〇頁もある大著『ケアの社会学――当事者主権の福祉社会』（太田出版）を著す。

日本の老人介護（ケア）の現状を多角的・網羅的に考察。ケアを介護の担い手別に「国家」「市場」「市民社会」「家族」の四つに分類し、それぞれと照合する官・民・協・私の四セクターの現状を吟味する。そのベストミックスこそが「望ましいケア」へのカギと論じ、中でも「共助」に通ずる協セクターこそが枢要な位置を占める、と説く。

近代には「家族」「市場」「国家」の三点セットが万能視されたが、二一世紀ではこの近代トリオが限界に達し、第四のアクター「市民社会」こと協セクターに期待がかかる。新しい共同性、すなわち自助でも公助でもない共助の仕組みの考案である。

協セクターへの追い風はＮＰＯ法と介護保険法の成立だ。首都圏や九州の生活クラブ系生協ではワーカーズコレクティブの活動が「食べもの生協」から「福祉生協」への事業拡大と転換を実現。生協以外でも、厚労省指定のモデル事業となった富山県のＮＰＯ法人「この指とーまれ」の小規模多機能型居宅介護の成功例もある。希望がないわけでは決してない。

この著作は机上の理論研究より現場調査の分析考察に重きをおき、介護保険法の成立、実施にからむ八年に及ぶ全国の事例調査・研究の成果がぎっしり詰まっている。まさに「ケア学大全」と呼ぶにふさわしい労作だ。京大出身の彼女の東大招聘は正解だった、と私は感じる。

一九（令和元）年春、上野さんは東大の入学式で彼女独特の刺激的な調子の祝辞を述べ、波紋を広げる。まず前年に発覚した東京医大の不正入試問題に触れ、文科省の担当者の言として「男子優位の学部、学科は医学部以外に見当たらず、理工系も文系も女子が優位な場合が多い」と紹介。一方で、東大の女子の比率は長期にわたって「二割を超えない」というカベに言及。『息子は大学まで、娘は短大まで』でよいと考える親の性差別の結果です」と言い切る。

男子東大生たちの女子をはじめとするマイノリティに対する想像力の欠如を指摘。彼らがいかに恵まれた環境で育ってきたか（注：東大の「学生生活調査」によると、東大生の親の六二・七％が年収九五〇万円以上。一方、一般群ではわずか一二・三％）に触れ、こう述べる。

――がんばっても、それが公正に報われない社会があなたたちを待っています。あなたたちのがんばりを自分が勝ち抜くためだけに使わないでください。恵まれない人々を助けるために使ってください。

昨今の彼女は、スウェーデンの一七歳の環境活動家グレタ・トゥーンベリさんの出現に強い衝撃を覚える、と漏らす。一九年秋には、東日本に甚大な被害をもたらした強風や豪雨を伴う超大型台風が再々襲来。豪州での大規模な森林火災発生をはじめ、異常気象による重大な被害が世界各地でも続発している。以前は経験しなかった異常気象現象は地球温暖化の動向と無縁ではなかろう。

「私たちはあなたたちを許さない」というグレタさんの告発に対し、旧世代に属する私自身も罪深い石油文明の恩恵にたっぷり浴した一人として身に覚えがあり、胸が疼く。トランプやその亜流らの悪質な居直りに対し、彼女や上野さん共々対抗していかねば、と感じている。

〈『大法輪』二〇一七年一月号〉

立花隆さん

「ゼネラリストを専門とする専門家たらん」

たちばな・たかし（一九四〇～）

戦前日本の「知の巨人」が南方熊楠（敬称略）だとすれば、戦後のそれはさしずめ立花隆だろう。南方は生ける百科全書とも言うべき博識で鳴らしたが、立花もすごい読書量や博学、あまたの著述などの点で、決して負けていない。

田中角栄の〝天敵〟

彼は諸々の著作により菊池寛賞・毎日出版文化賞・司馬遼太郎賞などを受け、理系学問の分子生物学や脳科学への造詣が認められ、東大大学院特任教授にも任じている。今から三六年前の一九八四（昭和五九）年、私は東京・文京区内の自宅に彼を訪ね、差しで一時間余り取材している。当時の朝日新聞紙面（一〇月八日付け夕刊）から紹介記事（概要）を引くと、

立花隆（本名＝橘隆志）さん（1984年9月1日撮影、朝日新聞社提供）

――田中角栄元首相の〝天敵〟として名をはせたルポライター立花隆は、父の勤めの関係で長崎で生まれたが、小学校から高校途中まで水戸で育った。本名・橘隆志。一見ソフトに映るが、なかなかの意地っ張りだ。田中金脈を追及した一〇年前の雑誌論文『田中角栄研究』。権力者に弓引く身への相手陣営からの圧力も陰に陽に厳しかった。相手が強ければ強いほどファイトを燃やし、ロッキード事件公判を欠かさず傍聴、筆誅の刃をとぐ。

小学生のころ、休日に水戸の大きな本屋に行き、終日立ち読みを続け飽きなかったほど読書好き。文献や資料の核心を見抜く力に優れ、仕事仲間は「本を読む天才」視する。東大でフランス文学と哲学を専攻。『日本共産党の研究』『農協　巨大な挑戦』は政界などに波紋を広げ、『文明の逆説』『宇宙からの帰還』は現代文明や人間存在の本質を問う。

着眼のよさと実証の確かさ、平易で力強い文章。ニュージャーナリズムの地位を高め、「角栄追究と早く縁を切り、もっと次元の違う仕事がしたい」――

『田中角栄研究』は七四（昭和四九）年秋、月刊誌『文芸春秋』の肝いりで二〇人ほどのチームを編成。登記簿や政治資金収支報告書など公開情報を徹底的に調べ上げ、それを基に関係者に当たって裏付けを取る地道な「調査報道」の典型だ。角栄の息がかかる室町産業の例がすごい。農民たちから河川敷だからと五千五百万円の安値で買い取った土地が国に堤防を造らせて立派な土地に化け、八五億円もの法外な値上がり益を懐にする。この論文に目を通し、私は正直「やられた」と感じ、己の記者としての非才ぶりに愛想が尽きた。

ゼネラリストたることを専門に

立花は「小学三年で漱石（『坊ちゃん』）を読み、六年の時にディケンズ（『二都物語』）を読んだ」というから、驚く。両親は文学青年・文学少女上がり、父親は書評紙の編集者で、家の中には沢山の本があった。が、立花は読書一辺倒でもなく、中学では陸上部の活動に励みハイ・ジャンプ一メートル六四センチの新記録をマーク。青白い秀才タイプではなかったようだ。

受験勉強で大変だった高校時代も、欧米作家が中心の『世界文学全集』を半ばは読破。東大入学後は「文学研究会」でサークル活動に励み、ドストエフスキーやトルストイは代表作のほとんどに目を通す。彼の両親は共にクリスチャンで、彼自身も子供の頃から教会へ行かされ、キリスト教の影響が強い、という。文学専攻の意義について、こう言う。

――文学を経ないで精神形成をした人は、どうしても物の見方が浅い。想像力が十分に培われていないために、物事の理解が図式的になり易い。

東大仏文科卒業後の六四（昭和三九）年に『文芸春秋』社へ入り、『週刊文春』記者に。仕事に追われ、本がろくに読めなくなる。「どんどんバカになる」気がし、二年半後に退社。その決断には感服する。六七年、東大哲学科に学士入学。元々、世界や人間とは何か？　いかに生くべきか？　と根源的に考えるタイプだった。が、一年半後にかの東大闘争が突発、全学ストへ突入し、授業は全くなくなってしまう。『文春』当時の知人から「暇なら、何か書かないか」と声がかかり、「東大ゲバルト壁語録」「実録・山本義隆と秋田明大」などを寄稿。なんとなく、物書き稼業に深入りしていく。

七一年、実質的な処女作『思考の技術』（日本経済新聞社）を著す。人類は「進歩」を盲目的に信仰し、やみくもに工業化を推進する余り、環境の汚染や破壊～生存の危機を招来。生き残るには文明のベクトルを変え、エコロジカルな思考が万人の常識となるべき、と説いている。

同じ年、三一歳の彼は唐突に絶筆を決意。新宿ゴールデン街でバー「ガルガンチュア」の経営に乗り出す。片思いと承知の女性宛てに原稿用紙千枚弱ものラブレターを二年越しに書き送った。が、気持ちを動かせないと判り、己の文才に見切りをつけた、という。しかし、バー経営は半年であきらめ、翌年にイスラエルへ旅立つ。欧州～中近東と放浪し、日本赤軍によるテルアビブ事件に遭遇。『週刊文春』に「テルアビブで岡本幸三と一問一答」を寄稿し、言論活動に復帰する。

週刊誌や月刊誌を足場とする三〇代当時の執筆活動は、実に間口が広い。あらゆるテーマを一度ならず論じ、「我ながら、あきれるばかり」。「専門分野を持ったら」という忠告も再々受けるが、「スペシャリストの時代であればこそ、ゼネラリストの存在価値が出てくる」「そもそもが浮気性で、好奇心過剰。ゼネラリストたることを専門とする専門家たらんと心がけ、今日に至った」と反論した。

『宇宙からの帰還』の衝撃

八一（昭和五六）～翌年にかけ、『中央公論』誌上に科学レポート『宇宙からの帰還』を七回連載。なかなか衝撃的な内容で、私は強い感銘を受けた。事前に周到な準備を尽くし、ワシントンの図書館で一八〇項目にわたる宇宙開発関連の過去二〇年分もの雑誌記事をアルバイトを雇い全部コピー。肝心な要点は予め全て頭に叩き込んだ上で、十余人の宇宙飛行士らとのインタビューに臨んでいる。

七一年に月面を探索したアポロ15号乗組員ジム・アーウィンの件が白眉だ。彼は三日間に一七マイルの地域を踏破し、地球では滅多に見かけぬ白い結晶質のきれいな小石を発見する。分析の結果、小石は四六億年前のものと判り、「太陽系の天体は四六億年前に一挙にでき上がった」との仮説を証明するに至る。これは聖書にある創成記の「天地創造」説とも合致することから、石は「ジェネシス・ロック（創世記の岩）」と呼ばれた。立花のインタビューに対し、アーウィンはこう述べる。

――月面に降り立った瞬間、（辺りの気配に）神の臨在を感じた。（苦労の末の）石の発見は神の導きによるもので、私に地球へ持ち還らすためにそこへ置いたのだ、と確信した。

彼は地球帰還の翌年、ＮＡＳＡを引退。洗礼を受け直し、平凡な一信仰者から熱烈な伝道者へ変身する。全米各地や海外で数々の伝道集会を開き、自身の神秘的体験を訴え続けた。宇宙飛行士たちは「暗黒の宇宙の中の小さな宝石」「大気と水の生命圏が持つ青さ、地球は宇宙のオアシスだ」と地球の美しさに対する賛辞を口々に述べている。

感得した強い感動ゆえに彼らは様々に人格的変貌を遂げる。アーウィンのような宗教家をはじめ、平和運動や環境問題の活動家に詩人・画家・思想家・政治家（上院議員が三人）……。「宇宙体験をすると、その内的衝撃は人生を根底から変えてしまう」と口々に言う。立花独自の鋭い切り口のインタビューに対し、「よくぞ聞いてくれた」と謝辞を口にする者もいた。

人並み外れた好奇心の強さ

九〇年に刊行された『精神と物質』（利根川進氏との共著、文芸春秋社）は新潮学芸賞を受けた労作だ。分子生物学者・利根川氏は八七年のノーベル医学・生理学賞の受賞者。人の抗体は百億以上あるとされるのに、遺伝子は二万数千しかない。遺伝子が不変なら百億余もの抗体をどうしたら作れるのか、は医学界で長らくナゾだった。氏はマウスを使った実験で、「Ｂ細胞だけは自らの抗体遺伝子を自在に組み替え、無数の異物に対応する無数の抗体を創出し得る」

ことを実証。百年来の論争に決着をつけた。

二人の対談は延々二〇時間にも及び、立花は氏の学生以来の研究歴を時を追ってなぞる構成をとり、世紀の大発見に至るドラマを生き生きと魅力的に物語る。私もご両人とほぼ同世代だが、我々の学生当時は分子生物学という領域は存在しなかった。立花も当初はちんぷんかんで、「関連の参考書を書棚三段分くらい読み込み、ようやく少しずつ分かるようになった」とか。極めて難解な最先端の学問の知見を素人にも分かりやすいように解説している。

九四年刊行の『臨死体験（上）（下）』（文芸春秋社）も話題を呼んだ。心停止を経験した人のかなり多くが臨死体験をし、意識の体外離脱、暗いトンネルとまばゆい光の視認、至福感を味わう。欧米では七〇年代から医学者による本格的な研究が活発化し、取材に赴いた立花は数々の研究報告に接する。日本でも同種の報告例を集めるが、「暗いトンネルとまばゆい光」の代わりに「三途の川」が登場したりし、体験の客観性に疑念が残る。全ては脳内に生じたイメージに過ぎないという脳内現象説と、死後の世界を現実に体験したのだとする現実体験説とに二分される。彼自身は前者に傾きつつ、百《パーセント》の断定はしていない。

〇七年、立花は多発性膀胱癌《ぼうこうがん》を発症して手術を受けるが、必ず再発すると宣告される。ＮＨＫテレビと協力し、スペシャル番組「がん　生と死の謎《なぞ》に挑む」（後に文芸春秋社から単行本化）を制作。世界の癌医療の権威四〇人に取材し、癌克服の可能性は当面はほとんどない、と結論づける。以後、通院治療は断念し、食事療法などで自適の日々を送っている。

改めて、立花隆とは凄《すご》い作家だ、と実感する。取材にかけるエネルギーといい、著述する筆力といい、常人離れしている。その源泉は、人並み外れた好奇心の強さにある、と私は考える。

〈『大法輪』二〇一八年八月号〉

第4章　マスコミ

中江利忠さん

「民主主義の総点検が改めて問われている」

なかえ・としただ（一九二九〜）

マスコミはよく「第四の権力」と名指される。立法・行政・司法の三権に加え、それらを監視する役割を担っているからだ。私は朝日新聞元社長のこの人の人柄や識見のほどをよく承知している。その人物記に託し、日本の代表的マスコミの盛衰、時代の変遷を追ってみたい。

「朝日新聞」の衰退と「一四年問題」

中江さんから二〇一八（平成三〇）年春、「これからのジャーナリズム」と題するパンフレットを頂戴した。このパンフに接し、私は朝日新聞の発行部数の近年の凋落状況をつぶさに知り、OBの一人として暗たんたる思いを味わった。

テレビやネットに押される新聞界の構造的衰退に加え、「朝日」には「一四年問題」という

カラオケのマイクを握る中江利忠さん（2018年7月29日、撮影：横田淳子）

負の紙面問題があった。慰安婦報道の記事取り消しなどの重大な事態を指す。朝刊の発行部数はピーク時一九九七年の八三二万部から二〇一三年までの一六年間は年平均五万部減のペースだったのが、問題の一四年は一気に四三万部、以後も年に三〜四〇万部と大幅に減り続け、一八年三月には遂にピーク時の三割減で六百万部を割り込むに至る。

「朝日」の衰退を決定づけた六年前の「一四年問題」。池上彰氏のコラム「新聞ななめ読み」〈訂正、遅きに失したのでは〉の掲載をいったん見合わせた不見識が「朝日」の信用失墜に拍車をかけた。掲載拒否を実質的に判断したのは当時の木村伊量社長だ、と中江さんは編集幹部らからの聞き取りで判断。木村社長の責任を厳しく指摘し、朝日新聞ＯＢの集まり「旧友会」の組織を挙げて追及を強め、社長交代へ追い込んだ。

実は三一年前に起きた中江社長の誕生劇も、「珊瑚《さんご》落書き事件」という朝日新聞の重大な信用失墜が原因。八九年四月、沖縄・西表島《いりおもてじま》での朝日のカメラマンによる写真捏造《ねつぞう》が当然ながら囂《ごう》々たる非難を呼んだ。当時の一柳東一郎社長はすぐさま引責辞任を決断。後事を託されたのが専務取締役（編集担当）の中江（敬称略）で、一件を振り返り、こう言う。

――私自身も引責辞任するつもりだった。が、後を任せられるのは君しかいないから、と懇望され、やむなく引き受ける経過となった。一柳さんは（出処進退の）潔い人だった。

この「珊瑚落書き事件」は朝日の部数減をそんなには招いていない。迅速な社長交代といった危機管理がうまく功を奏したケース、と見てよかろう。

中江が社長に就いて四年目の九三年一〇月二〇日白昼、真に衝撃的な事件が東京・築地の朝日新聞東京本社内で起きる。新右翼の活動家・野村秋介が中江ら同社首脳が居並ぶ役員応接室で拳銃自殺を遂げたのだ。七月一五日発売の「週刊朝日」が時の参院選に立候補した野村の政治団体「風の会」を「虱《しらみ》の党」と揶揄《やゆ》した風刺画を掲載。憤激した野村に対し、非を認める中江が和解のために設けた「手打ちの席」での思わぬ暴発だった。中江の『回想録』によると、

――冒頭に「本社の最高責任者として心からお詫びします」と中江が挨拶《あいさつ》。靖国神社問題などでやりとりし、和やかな空気さえ漂う中、一時間近く経過した頃に事態が急変する。作務衣に和装用コートを羽織る野村は懐に隠し持った二丁拳銃を取り出し、「朝日と刺し違える」と口にして仁王立ちに。皇居の方角に向いて「皇尊弥栄《すめらみこといやさか》」と三唱し、拳銃自殺を遂げた。

翌々年四月一日午後、野村が率いる右翼団体「大悲会」のメンバー二人（日本刀と拳銃を秘かに所持）が朝日新聞東京本社に警備のすきをついて侵入。本社の幹部二人を人質にして一五階の役員応接室に籠城する事件も発生（夕方には説得に応じ、投降）している。中江は社長室から避難し無事だったが、社内は以後警備体制をめぐってピリピリする。自宅は危ないからと、

渋谷のマンションに偽名で暮らす不自由を忍んだ一時期さえあった、と聞く。

経済部記者として活躍

中江利忠は一九二九（昭和四）年、千葉市郊外で生まれた。父は東大農学部出身で旧農林省直轄の畜産試験場で乳製品の研究に従事。兄と姉が二人ずつと双子の弟との六人きょうだいは試験場隣の官舎で生まれ育った。場内の牧場が遊び場だったから、「『アルプスのハイジ』さながらの牧歌的な暮らしに恵まれて育った」と中江は振り返る。

母は大正期に女子向けの高等教育を受け、戦後すぐ千葉市教育委員（公選制）にトップ当選を果たした人。利忠は小学生当時から学業優秀かつ健康優良児で、中学三年当時には「母」と題する作文に、「母は、私を鞭撻《べんたつ》激励して呉れる唯一無二の力である」と記している。その翌年が日本の太平洋戦争敗戦の年だ。中江は社長当時の九五年八月一五日、朝日新聞の朝刊一面に〈「ポスト戦後五〇年」の針路求めて〉と題する署名論文を寄せている。書き出しは、こうだ。

――戦争終結の「玉音放送」を聴いたあの日、私は一五歳の旧制中学四年生でした。それまでの一年余り、海軍の戦闘機や、体当たりで自爆する「人間爆弾」などの部品を作る千葉県内の工場に、勤労動員されていました。時には、街の映画館を目指して、憲兵や守衛の目を盗んで工場の塀を乗り越える「脱走」の場面もありました。

旧制千葉中（現千葉高）当時の同級生だった一人に松竹の元映画監督、直木賞作家の故・高橋治がいる。彼は朝日新聞記者だった私にその昔、こう証言している。「学年中で常に成績トップの伝説的秀才だった。長じては、カラオケの喉《のど》も絶品。岸恵子がしびれた位だから、神は不公平だ」。

中江は旧制一高へ進み、食糧難の当時に寮生活を始め、先輩の誘いで「耕す会」に入る。蛭に血を吸われながら水田を耕やし、重たい肥たごを担いで何百回も往復する。重労働に耐え兼ね脱会する学友が相次ぐ中、卒業時まで頑張り抜く。本郷の東大社会学科では学生運動に励む一方、親友・大岡信らと発行するガリ版刷りの同人誌『現代文学』のメンバーでもあった。

五三年に朝日新聞に入社し、静岡支局へ赴任。翌年三月、ビキニ水爆実験の放射能灰を浴びた遠洋マグロ漁船「第五福竜丸」が焼津に帰港した世紀の大ニュースが読売の特ダネとして報じられる。ライバル紙に抜かれるショックを味わい、記者稼業の厳しさを肌で思い知る。

横浜支局を経由し、東京経済部へ進む。財界担当が長く、仕事の密度も濃かった。当時の経済諸団体トップは石坂泰三・足立正・桜田武・木川田一隆といった大物ぞろい。持ち前の篤実な性格を基に、パイプ作りに励む。後年に社長に就いてから、心ある財界良識派の面々が彼を囲む親睦サークル「中江会」を立ち上げるという破格な出来事も生じている。

社長在任中の九三年五月、彼は朝日新聞をよく批判的に取り上げることで知られる週刊文春の取材に応じる。タレント阿川佐和子の鋭い突っ込みに中江は終始真摯《しんし》に応じ、末尾のコラム

「一筆御礼」に阿川は「それにしても、中江社長は本当に心の広い方」と記している。

社長当時の七年間で一六回、経済部記者時代から通算すると四三回も海外へ出張。外国元首との会見を度々経験し、感想をこう漏らす。

――周恩来首相「立派な人物で、（歴代領袖の中でも）飛びぬけていたと思う」。レーガン大統領「随分勉強を積んでいて、俳優上がりの域を超えている」。ジスカールデスタン大統領「頭の切れる能吏」。シュミット首相「文化にも精通する幅広いステーツマン」。ゴルバチョフ大統領「共産党独裁を止揚させた広い世界観」。江沢民主席「上海育ちの官僚上がりだが、あまり勉強してないなと感じた」。金泳三大統領「校長先生タイプで迫力不足」。

さて、旧友の高橋治が「絶品」と評した中江のカラオケ。九四年、エズラ・ヴォーゲル氏ら米国の著名人を招き、朝日新聞社がワシントンで親善パーティを開催。有名バンドの演奏でかのプレスリーの「Love me tender」を彼が見事に歌い上げ、やんやの喝采《かっさい》を博した、と聞く。

民主主義の総点検を

一九（平成三一）年一月、ＮＨＫテレビは「未解決事件」シリーズの一つとして、「赤報隊（朝日新聞阪神支局襲撃）事件」を二夜にわたり特集した。中江が常務取締役（編集担当）だった当時に起きた日本の言論史上類例を見ない暴挙だが、事件の骨子はこうだ。

――八七年五月三日、憲法記念日の夜、兵庫県西宮市内の朝日新聞阪神支局へ目出し帽で覆面した男が侵入。散弾銃を発射し、小尻知博記者（当時二九）が死亡、犬飼兵衛記者（四二）が重傷を負った。「赤報隊」を名乗る犯行声明文が届けられ、その後も全国各地の朝日新聞関連施設襲撃事件が発生。さらに中曽根・竹下元首相への脅迫など事件は全国に拡大。警察庁は「広域重要指定116号事件」に指定し、大がかりな捜査態勢で取り組んだが犯人は捕まらず、二〇〇二年に時効成立。

一夜目の実録ドラマでは、同僚を殺された朝日新聞の記者たちが結成した「特命取材班」の知られざる闘いを実録ドラマ化。主人公の取材班キャップ樋田毅記者（大阪社会部出身）を元スマップの草彅剛さんが好演した。二夜目は「赤報隊とは何者なのか」に独自取材で迫るドキュメンタリー。

そして直後の一九年二月、ドラマの主人公・樋田毅記者が『記者襲撃――赤報隊事件30年目の真実』（岩波書店）を刊行。NHKの実録ドラマで樋田記者役を演じた草彅さんは「事件が起きた時、僕は中学生でした。事件について知れば知るほど、自由にモノが言える、自由な社会とは何か、考えるようになりました」と話す。同書は「取材の核心部分」として①「新右翼とその周辺」②「ある新興宗教の影」を挙げるが、いずれも最終的に犯人と断定するには決め手を欠く、としている。

この阪神支局襲撃事件から三三年ほど経つ。「赤報隊」の声明文にあった「反日分子」という文言は今や、ネットやマスメディアに氾濫《はんらん》している。歴史修正主義が台頭し、排外的で断定調の言説が人々の心を捉え始めている。戦前に似た全体主義的な雰囲気が充満しつつあるようにさえ映る。

中江さんは言う。「共生と自律が求められるはずの二一世紀にあって、戦前回帰の全体主義などは早く芽を摘んでおかないと。平等より自由や独善が先行して、民主主義の総点検が改めてマスコミにも問われている」

去る一七年、国会で改憲構想を問われた安倍首相は「読売新聞に載ってるから読んでほしい」と言い放った。一国のトップとしての見識が疑われるが、メディアの在り方も考えさせた。政権と一体化するようでは、政党機関紙並み。「第四の権力」の役割放棄では、と言いたくなる。


〈『大法輪』二〇一九年一二月号〉

田中優子さん

「女は度胸、愛嬌なんかじゃもたない」

たなか・ゆうこ（一九五二〜）

東京六大学では初の女性総長で、江戸時代の文化や社会構造に詳しい社会学者。TBSテレビの情報番組「サンデーモーニング」に時々解説者として清楚な和服姿で登場し、かなり思い切った発言をする。体制批判的な思想の持主では、と私は推察している。

「江戸ブームの仕掛け人」

私は男性でも女性でも、少々風変わりな人に引かれる。万事に常識的では面白味がないから。現法政大学総長・社会学者の彼女は、間違いなく風変わりだ。かのフェミニズム学者（東大名誉教授）・上野千鶴子さんとの以前の対談で、この人は「（もし江戸時代に生まれていたら）太夫（遊女の最高位）になりたかった」と明言している。

「法政大学助教授」当時の田中優子さん（1987年、朝日新聞社提供）

西鶴は『好色一代男』で傾城《けいせい》・吉野太夫について、大略こう記す。

——魂も消え入るばかり素晴らしい唄をうたい、琴を弾き、和歌もつくり、茶をたて、花を活けてみせる。碁の相手ができ、気が優しく、話が面白く、相談事にも乗ってくれる。

同時に、彼は『世間胸算用』で地（素人）女については、

——物がくどくて、卑しいところがあって、（中略）床では味噌塩のことを言ひ出して、始末（けちの意）で、（中略）萬《よろず》に気のつまるばかり。

と散々だ。田中さんは前記した上野さんとの対談で、要旨こう語っている。

——遊郭の中での勝負は、やっぱり人柄。気の大きさ、大胆さとか視野の広さ。女は度胸なんです。愛嬌なんかじゃ、もたない。度胸と大胆さ、勢いがまずあり、それが外見の身体（の見栄え）に結びついている。

彼女には今から三〇年近く前の一九九二（昭和五七）年に法大多摩キャンパスで一時間ほど差しでインタビューしている。朝日新聞の当時の紙面（五月二〇日付け）を引くと、

——「江戸ブームの仕掛け人」「行動する江戸学者」との聞こえ高く、原稿執筆に、講演会

や座談会に、ここ数年引っ張りダコだ。法大教授、四〇歳。男にはまぶしい独身の美人だが、高ぶらない、率直な人柄と見受けた。「多摩で困るのは本屋がとても少ないこと。図書館が未整備なこと。学生が都心志向になる一つの理由は、必要な本がこの辺にないこと。学生に住んでほしいと行政が願うなら、情報のシステムの格差をなくす対策を立ててほしい」と話す。

横浜の下町に育ち、法大文学部で日本文学を専攻、博識で批判と遊びの精神に富む故石川淳の評論に触発され、江戸の文学や芸術に傾倒する。奇才で知られる蘭学者・平賀源内と『雨月物語』などの読本作者・上田秋成を手がかりに江戸の社会を生き生きと再現してみせた著作『江戸の想像力』で五年前、芸術選奨文部大臣新人賞。

「政治史とか経済史だけではその時代はわからない。文化全般を含めたトータルな生活面を見ないと、だめ。例えば、日本が技術立国になっていく始まりは江戸。海外からの技術導入が不自由になった分、技術を開発する努力を地道に積み重ねるしかなかった。日本人は好奇心の強い努力家。器用だとか、頭がいいとか思いこむと危ない」——

『カムイ伝』と格差社会

ちなみに、田中さんが幼い頃に同居していた祖母は遊女上がりの人だった、とか。江戸時代の太夫びいきといい、清楚な和服志向といい、出自とのゆかりが偲ばれる。生まれ育ったのは横浜の下町の長屋で両隣には朝鮮系の人が住み、通う小学校には米国人との混血や在日華僑・

在日朝鮮系そして港湾労働者の家の子たちがいた。そうした生育環境も預かり、高校生の頃から社会問題に自ずと関心を強めるようになる。通学に利用する私鉄電車で乗り合わせた米兵に対し、「ベトナム戦争をどう思うか」と問い質したりした、という。

ちょうど七〇年安保闘争たけなわの時期に中核派の拠点校・法政大へ進学。学生運動に参加し、思想的に鍛えられる。西欧流の構造主義言語学を一通り学び、大学院ではロラン・バルトの分析学に則って修士論文を書き、本格的な研究者コースへ進んでいく。

法大社会学部教授当時は劇画家・白土三平の大河マンガ『カムイ伝』を「比較文化論」のテキストに用い、異彩を放つ。二〇〇九（平成二一）年に著した『カムイ伝講義』（小学館）では、こう説く。

――『カムイ伝』は江戸時代を舞台にしながら、その向こうに近現代の格差・階級社会を見ている。二一世紀にもなって、この日本は驚くほど変わっていない。ちゃんと階級もあり、格差もますます健在だ。私たちは歴史の中で、いったい何者なのかと問い、何ができるかと考え、カムイはいまどこに潜んでいるのか、と耳をすまさなければならない。

教材に用いた『カムイ伝』は、時代設定が江戸前期の一七世紀中頃から後半にかけての約三〇年間。物語の主舞台となる花巻村は関西所在と思しき架空の日置藩（禄高七万石）に所属する。主役はカムイ・正助・竜之進と名乗る三人の青年だ。

アイヌ語で「神」を意味するカムイと名乗るのは、非人集落出身の双子の兄弟だ。熱血漢の弟は物乞いに甘んじる仲間を嫌い、自由と誇りを求め、単身で生きようとする。集落の子供が百姓の小頭たちに殺され、復讐《ふくしゅう》のため立ち上がるが捕われ、斬首される。死んだはずのカムイ（双子の兄の方）が再び姿を現す。弟と比べ冷静沈着で、体得した忍びの秘術を駆使し、権力側と対抗する様々な場面で超人的活躍を重ねていく。

二人目の主役・正助は花巻村の下人の出で、カムイの姉のナナと結ばれ、夫となる。勤勉で聡明、かつ慈悲深いから仲間内の信望が厚い。後には本百姓となり、農民の生産力を高め、全ての百姓や非人・穢多《えた》の暮らしと経済を向上させ、平等な世界を築こうと人々を導いていく。

蚕を育てて糸を作り、商人と提携して流通の経路を広げようと努力する。

養蚕には、桑の栽培をはじめ蚕種の商い、生糸取り、生糸集めの商人との折衝、機織り、布の売却という難儀で複雑な過程が付きまとう。綿花栽培に欠かせぬ干鰯の入手やその加工の苦労があり、便所を作り直して下肥を確保する段取りも欠かせない。大都市で下肥市場が成立し、やがては百姓から問屋（商人）に成り上がっていく者まで現れる。農民は百姓という呼称に誇りを持ち、多種多様な技量を備えていた。自治的な村落経営を行っていて、領国での非道な圧政に対しては一揆を起こしてでも、自分たちの意見を通そうと努めた。

第三の男が草加竜之進。元次席家老の子息で、親を殺され家をつぶされて、非人集落に潜り込み市井で暮らす。農民たちの厳しい日々の営みを己の目でつぶさに確かめ、（百姓が作り、それを武士が奪う。武士は一体何のために存在するのか？）と彼は自問せざるを得ない。（食べ物がどこから来るのか知らず、考えようともしない）とも。

これは現代の日本人も同じだ。昼に食べた納豆の原料がアメリカや中国から来るのを知らない。教壇で「現代の日本人は、まるで江戸時代の武士の人口が膨れ上がったかのように見える」と田中教授は学生たちに説いた。

「江戸時代」の固定観念をぶち破る

私は一九六〇年代半ば朝日新聞社会部で警察回りの当時、記者クラブのたまり場で他社の記者が持ち込んだマンガ雑誌『ガロ』によって『カムイ伝』の面白さを知った。事件待ちのサツ回りは結構暇で、雀卓を囲む同輩たちを横目に私は近くの貸本屋から『忍者武芸帳』など白土三平の作品を次々と借り出し、夢中で読みふけった。白土作品は数々あるが、壮大なリアリズムによる群像劇ばかり。どの作品も実に見事で描写や人物像がしっかりし、私は本質的に大切な事柄をいっぱい教わった。

明治維新を正当化するためか、日本の歴史教育では「江戸時代イコール停滞」という図式が長らくまかり通った。その固定観念をぶち破ったのが、江戸学者・田中優子の数々の論考だ。八六（昭和六一）年の著作『江戸の想像力』（筑摩書房）は、近世一八世紀の江戸文化が平賀源内と太田南畝を中心とするネットワーク「連」で成り立っていた、と立論。博物学・浮世絵・世界図・読本といった様々なジャンルで起こった地殻変動を織り込み、外国文化受容の在り様をダイナミックに捉え、芸術選奨文部大臣新人賞を受ける。

九三（平成五）年の『江戸はネットワーク』（平凡社）では、前著の江戸論をより発展させ、精細化・具体化を図る。「連」はサロンに近いとし、その主唱者として源内や南畝のほか、「江戸のウォホール」山東京伝・「精神を形にする編集人」蔦谷重三郎・「放浪者の精神」松尾芭蕉・「死に向かう狂気」与謝蕪村らの存在と活動ぶりを挙げる。

そして二〇〇〇（平成一二）年、著作『江戸百夢』（朝日新聞社）がサントリー学芸賞と芸術選奨文部科学大臣賞を受ける。江戸の視覚世界とは夢とうつつの「るつぼ」なのだ、と提唱。あまたの図像を駆使し、江戸はアムステルダムも蘇州もソウルも含み込む場所であり、彫刻や絵画から手拭いに至るまで全てをるつぼのように内在させていた、と指摘する。

近著では著述家・松岡正剛氏との対談集『日本問答』（一七年、岩波新書）が含蓄に富み、なかなか読み応えがあった。巻末で現状日本に対する注文として、彼女はこう説く。

――（今後の日本は）アメリカに従属するのではなく、アメリカの成り立ちを見習ってアメリカから独立すべきだ。アメリカはヨーロッパの紐付き状態から（様々な闘いを経て）現状のような仕組みの合衆国を作り上げたのだから。

政財界の要人たちには彼女の見識と提言にとくと耳を傾けてほしい、と切に願う。

〈『大法輪』二〇一九年六月号〉

色川大吉さん

「歴史とは偉人や英傑が生み出すのではない」

いろかわ・だいきち（一九二五～）

現存の日本人で、人格・識見とも私が一番敬うのはこの人だ。「歴史とは偉人や英傑が生み出すのでなく、声なき声を発する民衆こそが紡ぎ出すもの」。色川さんの「自分史」運動の提唱や民権運動見直しの提言に、若いころの私はいたく共感した。

「ふだん記」運動

今から三七年前の一九八三（昭和五八）年に取材で初めて対面し、じっくりお話を伺った。人物紹介を兼ね、一〇月一四日付け朝日新聞夕刊一面に載った企画記事「新人国記'83千葉県⑬」（要旨）を引くと、

――『ある昭和史』などの著作で異色の歴史家として知られる東京経済大教授色川大吉は晩

「東京経済大学教授」当時の色川大吉さん（1983年7月1日撮影、朝日新聞社提供）

学の人である。学究生活に入ったのは三〇代後半。佐原市（現香取市佐原）の生まれ。東大国史科在学中の昭和一九年秋、学徒出陣で海軍航空隊へ。運よく命を拾って復員。靴磨き、もぐりの計理士、論文の下請け……、何でもやって生きる。

演劇こそ一生の仕事と、劇作や演出に打ち込む。が、結核にかかり、その道は中途で挫折。夢を歴史の叙述へ振り替える。「歴史もドラマじゃないか、と気を取り直した」。底辺の民衆の視点、人間臭く劇的な叙述。色川史学は自由奔放さが魅力だ。毎日出版文化賞の『ある昭和史』は「自分史」という流行語を生み、『明治精神史』は「民衆史」への先駆となった。

小田実らとの市民運動「日本はこれでいいのか市民連合」代表世話人にも。田中角栄の10・12実刑判決―居直りの「所感」発表に、「いら立たしさで胸が悪くなった。角栄的き（詭）弁を支えるのは国家や公人の立場を忘れたムラ社会の論理であり、政・官・財の癒着構造が生んだ金権の論理だ。その病理の根源へメスを入れる思想の闘いを続けていく」。――

代表作『ある昭和史』（中央公論新社）が生んだ流行語「自分史」について、少し補足する。

八王子在住の元書店主・橋本義夫（敬称略）は六八（昭和四三）年、「文章は万人のものであり、だれもが心の中に宝物を持っている」と思い、「ふだん記」運動に乗り出す。自分にしか書けない生活記録や自己観察の文章を原稿用紙二〜三枚にでも書いてみよう、と地域の人々に提唱。寄せられた文章を必ず褒《ほ》め、自身は助産婦役に徹する。会費制にせず理解者にカンパを仰ぎ、編集、校正、配本の一切を独りで負い、古自転車をこぎ、一軒一軒に配布する。損得づくではない全くの献身・無私の態度が地域の人々を惹《ひ》きつけ、賛同者を増やしていく。

寄せられた文章に珠玉のような佳作が数々あるのに色川は気づき、翌々年朝日新聞にこの運動の経緯を紹介。参加者が一挙に増え、運動は全国的な広がりを見せだす。各地に「ふだん記」グループが次々誕生。年一度の全国大会で経験交流を重ね、全国誌は七〇号を超え、各地の「ふだん記」誌は計三百余冊にも達する。彼は言う。

――歴史とは偉人や英傑が生み出すのではなく、声なき声を発している民衆こそが支え、底辺から動かしているのだ、と確信を持った。

「五日市憲法」草案の発見

色川は旧制佐原中（現県立佐原高）在学当時、北村透谷の詩や評論に親しみ、文学に開眼する。透谷は三多摩の政客らの群れに混じり民権運動に参加。島崎藤村らと『文学界』を創刊し、同誌に多くの抒情詩や評論を寄せ、理想主義的な文学論を展開する。が、その理想主義が現実に生きる彼自身を追い詰め、病と貧困なども加わり、二〇代半ばでの自殺を招く。

戦後しばらくして東京経済大（国分寺市）に就職した後、色川は透谷の足跡を尋ね、多摩一円をこつこつ探索。六八（昭和四三）年、旧西多摩郡五日市町（現あきる野市）の旧家の「開かずの蔵」から、かの「五日市憲法」草案を見つける。明治二二年施行の「大日本帝国憲法」制定前に、全国で作られていた民間憲法私案の一つ。国民の権利保障に力点を置く全二百四条から成り、現行の日本国憲法に近い進んだ内容のものだった。

色川によると、自由民権を求める結社は当時、都市にではなく農村に多かった。関東や東北などを中心に全国で推定二千社位。板垣退助らの傑出した例を支える多くのすそ野が存在した。そうした時代情況に触れ、透谷や徳富蘆花・中江兆民・内村鑑三ら数々の人々の言動から明治の精神の在りようを探ろうと試み、六八年刊行の『明治精神史』は彼の記念碑的代表作となる。

七三（昭和四八）年に、著書『ユーラシア大陸思索行』（平凡社）を刊行する。キャンピング・カーに生活用具を積み込み、リスボンを出発。同志らと欧州〜トルコ〜中東を経てはるばるインドまで、半年間の探検記録だ。以後も、『シルクロード悠遊』（八六年、筑摩書房）『わが聖地放浪』（九四年、小学館）など彼独得の瞑想ふうな「探見もの」を次々著す。

七六年、色川は著作『苦海浄土』で水俣病を告発した作家・石牟礼道子に懇望され、「不知火海水俣病総合学術調査団」を結成、現地入りする。当時は水俣病未認定患者が三千六百人もいて、認定審査には三〇年を要する、と言われていた。色川は「水俣の闘いこそ、日本国家の体質を最底辺から照射するもの。私たちは現場で泥にまみれる」と意気込んだ。八一年には行動派らしく水俣湾海底に自ら潜水調査を試み、こう記している。

――文字通り死の世界、貝の墓場。不知火海の受難は日本近代の陰画総体と言っていい。

色川さんとは御縁があり、九二年に再会がかなう。私が担当した東京・多摩方面の「人物記」シリーズで、地元暮らしが長い歴史学者としてご登場を願った。当時の紙面を引くと、

――来年は多摩地域が神奈川県から東京都に編入されて百年目に当たる。明治の自由民権運動など多摩史の研究では隠れもない日本史学者に、節目の年への感慨を聞いてみた。

「明治の多摩は土佐などと並ぶ自由民権運動の一大拠点だった。町田や八王子の富農・富商が生糸を横浜で売り、アダム・スミスの『国富論』『経済学原論』なんかを買って帰った。自分たちも新しい思想を学んで時代に先駆けねばという緊張感があったんでしょう」

「ゼミの学生たちと昭和四〇年代に地元の素封家の土蔵などを調査させてもらい、『五日市憲法』をはじめすごい史料の山にぶつかった。アダム・スミスの本なんかに赤い筆で注が入り、下線がしてある。日米和親条約の写しも出てくる。学生たちも、それには興奮した」

「多摩と横浜を擁する神奈川県議会は当時の革新勢力・自由党が牛耳っていた。多摩を神奈川から切り離し、ブルジョワ派が強い東京に編入すれば、多摩の革新勢力は少数派に転落する。それに、東京の水源として多摩川の水利権がねらわれ、多摩の森林地帯も首都の後背地としてねらわれた」

「明治の編入期には都市部と森林地帯の割合が二対八だったのが、今日では八対二。百年かかって貴重な森林地帯を食いつぶしてきたのが多摩の東京編入の歴史。民有地では多摩の自然は保護できないのだから、公営化して保護すべきだった」

反骨の生き証人

翌九三年、私が当時関わっていた都内の社会人向け勉強会で「世界と日本が今直面している難問——国民国家の時代の終焉《しゅうえん》と民族主義の危機」と題する講演をして頂いた。要旨は、

▽今は世界史的な大転換期。フランス革命から二世紀余り続いた「国民国家」の時代は終焉しそう。第二次大戦後四五年間続いた核保有超大国米ソ（旧ソ連）による国際秩序管理、冷戦構造が解体。が、代わるシステムを確立できず、混乱と難問の渦中にある。

▽「国民国家の終焉」は一方でECのような主権を超えた国家統合の方向へ。他方、「国民国家」という虚構から脱した諸民族の反抗による新・小国家群出現、国家分離を生む。冷戦構造の解体も重なり、民族紛争が続発、二千万人近い難民を生んでいる。

▽地球のキャパシティを超える巨大な生産力も人類の幸福につながらず、九二年の地球サミットが明らかにしたように、環境の悪化と資源の枯渇は既に限界。「先進国の一一億人が富の八二パーセントを独占し、開発途上国の三四億人はわずか六パーセントの富にしがみつく」。この大多数者の貧困こそが最大の環境破壊の原因であり、「経済成長」一筋の日本はこの結果に重大な責任があ

る。そうした痛覚なしに人権や環境問題を論じても、民族エゴイズムのそしりを免れない。▽民族主義は「国民」概念と同様に克服されねば、人類に未来はない。地球上に民族は約三千も存在し、二〇世紀初めに約五〇あった国家は民族独立の機運と共に目下は約一八〇にまで増えた。だが、「国民国家」の「国民」とは所詮はトリックに過ぎない〈注：日本政府が云々する「民族固有の領土（南千島）」など元々存在しないものを主張している、と指摘。痛快〉。▽国家には諸々の装置が要り、独立すれば必ず貧乏し、結果的に環境破壊に拍車がかかる。難民（移民）問題は来世紀の不可避な現象と化し、その解決は人類に突き付けられた課題となる。

この講演の内容は示唆と刺激に満ち、すこぶる聞き応えがあった。

九八（平成一〇）年に色川さんは東京を離れ、八ヶ岳南麓の山梨県大泉村（現北杜市）に住み着く。新天地での自在な日々の概要は著書『八ヶ岳南麓　猫の手くらぶ物語』（山梨日日新聞社、〇八年刊）に詳しい。彼は一七年一二月二〇日付け朝日新聞の「耕論　明治維新一五〇年」に久々に登場。〈安倍首相も大叔父の佐藤栄作にならって「むかし晋作、いま晋三」と言いたいところかもしれませんが、（中略）許されません。高杉晋作は革命に命を懸けた志士なのですから。〉と結んでいる。その舌鋒《ぜっぽう》の健在ぶりに接し、何より嬉しかった。

願わくば、「人生百歳時代」を牽引する反骨の生き証人で今後ともあり続けてほしい。

〈『大法輪』二〇一九年五月〉

阿部裕行さん

「多摩市の先進的試み『非核都市宣言』と『公契約条例』」

あべ・ひろゆき（一九五六〜）

東京の多摩地域南部にあるベッド・タウン、多摩市の先進的な市政運営が衆目を集めている。「非核都市宣言」制定と「公契約条例」施行がそれ。意欲的な市政運営で注視される阿部裕行市長は、私の旧知の人だ。

「3・11」の教訓を教訓として

東日本大震災で福島第一原発が炉心溶融事故を起こし、周辺の環境に深刻な被害をもたらした。その「3・11」の教訓から多摩市は二〇一三（平成二五）年、「原発ノー」を謳う「非核平和都市宣言」を制定した。「核兵器廃絶」と「脱原発」をめざす同市の「宣言」は、脱原発に関してこう記す。

阿部裕行さん（2016年11月11日、多摩市長室で。撮影：横田淳子）

――安全といわれていた原子力発電所から、一度事故が起これば大量の放射性物質が拡散され、大事に育て築いてきたものが、たちまち奪われる。私たちは、人と人との絆を大切にし、原子力に代わる、人と環境に優しいエネルギーを大事にしていきます。

この「宣言」は、市民の声を反映する仕組みで決まった。市議会では自民・公明両会派が難色を示すが、阿部市長の根気のいい説得が功を奏し、自公の八人を除く保守系を含む一六人の議員が賛成して先進的な内容の「宣言」が成立する。

阿部氏は学生当時、核科学者・故高木仁三郎氏の原発苛酷事故の危険性に対する警告を学んでいる。東日本大震災の折、原子炉メルトダウンを直感し、すぐさま対策本部を設けて放射能対策と福島からの避難者受け入れ態勢を整えた。市内の小中学生や保育園児らに対する放射性物質への防護対策を通達し、福島の被災地への救援措置も直後に実行している。

原発被災の付けは、多摩市にも早々に回ってくる。東京電力が電力需給の制約から五回にわたり一方的な「計画停電」をおこなったのだ。市当局や市民が何も知らされぬまま、市域の半分は突然真っ暗になり、暖房は利かぬ、病院では腎臓透析をどうしてくれる、と怒りや苦情が市役所に殺到する。対応策にほとほと困惑したそうだ。阿部氏は、こう言う。

――原発事故が人々の日常の暮らしをいかに脅かすかを、まざまざと実感できた。原発に依存することの危うさを、市民たちが皮膚感覚で味わういい体験になった、と思います。

多摩川の南岸にある多摩市は、市域の六割方が高度経済成長期にニュータウンとして造成された住宅都市だ。阿部さんに会うため一七（平成二九）年、私は随分久しぶりに同市を再訪。私鉄線の「聖蹟桜ケ丘」と「多摩センター」の両駅前通りの壮観さや高層建物の林立ぶりに目を見張った。彼は市の当時のホームページに「市長コラム――多摩の風」と題し、こう記す。

――「多摩市には街路樹が二万本ある（隣の日野市は約三千本）」「多摩市民の健康寿命は男八三・一六、女八五・九五と共に都内二六市随一です」。

多摩市の「健幸まちづくり」

多摩市がもう一つ注目を浴びるのは、画期的な内容の「公契約条例」の制定、運用だ。この条例は阿部氏が市長に初当選した翌年の二〇一一（平成二三）年、市議会各会派を根気よく説得し、全会一致の賛同を得て成立した。条例のねらいは、市関連の公共サービスを担う人々の賃金水準や労働条件を守ることだ。

条例運用のため、学識経験者一人と事業所側・労働者側から各二人で構成する「公契約審議会」を設置。業種ごとに適正な労働賃金、たとえば「時給八百ン十円也」と定め、受注業者はこの基準を上回る賃金を支払わねばならず、三ヵ月に一度、市に対し下請けを含めた全ての労働者に賃金をいくら支払ったか報告するよう義務付けられている。

長年にわたる財政削減で担い手不足が深刻なのが公共工事の現場だ。建設業界では、賃金低下や雇用条件の悪化が続いて、若年労働者が急速に減少。全体の一割程度にまで落ち込み、技能の継承が危ぶまれている。一二年に起きた山梨県の笹子トンネル崩落事故を機に始まったインフラの安全対策の中で、予算の削減や熟練した人材の不足が改めて浮き彫りになった。

危機感を抱いた国は一五年、公共工事の実態を調査。全国の自治体の四割以上が、国の定めた適正な入札予定価格を違法に切り下げていた実態が明らかになる。そのしわよせが悪影響をもたらし、将来再びトンネル崩落など大事故が起きては大変だ。危機感を抱いた国は、担い手を確保し工事の安全性を守るため、違法行為を撤廃するよう全国の自治体に強く要請した。

阿部氏は言う。

――公共サービスへの財政負担は確かに増えるが、技術者や労働者にしっかり働いてもらわないと、良質なもの作りはできっこない。工事や介護・教育などに関わる地域の産業を守るためにも、働く人々の労働環境を改善することが何より大切です。

一六年二月に放映されたＮＨＫの「クローズアップ現代」は多摩市のこの条例を自治体の先進的な取り組みの一例として紹介。番組に登場する多摩市関連の三次下請け業者は「（公契約条例のおかげで）手取り収入は一・五倍位に増えた」と証言した。発注事業の対象は原則五千万円以上だが、市長の裁量で一千万円以上から可となり、事業らしい事業は全て含まれると言っていい。働く人々の懐が豊かになり、その分が支出に回れば地域経済の活性化にもつながっていき、めでたい限りだ。

そして、多摩市が市政運営のスローガンに掲げるのが「健幸まちづくり」。市民みんなが健康で幸せに暮らせる街づくりを、との意気込みだ。庁内の横断的な取り組みを図るため、「健幸まちづくり政策監」という常勤特別職を一六年に条例で設け、福祉政策に詳しい若手キャリア職員の派遣を厚労省に要請。東京の自治体では初めての試みで、赴任してきた女性職員は市長の分身として活発に動き、市内の民間有志による福祉活動「子ども・だれでも食堂」の支援などに意欲的に尽くした。

真の「市民派」市長誕生

阿部氏は二〇一〇年、現職市長の引退に伴う多摩市長選に共産党を含む革新系統一候補として出馬し、保守系の他の二候補にせり勝って初当選。前記したような実績を着実に積み重ね、再選時・三選時は他候補をよせつけず、信任投票さながらに圧勝している。が、同市での真の「市民派」市長誕生の秘密を解くカギは、二〇〇二年の市長選にある。

当時の多摩市長が産廃業者に指名入札の便宜を図る見返りに現金約八百万円を受け取ったと

して警視庁が収賄容疑で逮捕。まもなく辞表が提出され、後継者選出へ市長選が告示される。市議会多数派の自民・公明などは、市役所の女性幹部職員を後釜に擁立。一連の動きに対し、地元住民の怒りが爆発。対抗馬に据えられたのが阿部さんだ。

彼は三〇代半ばのころ、長男が通う多摩第二小のPTA会長を務めている。三人の子持ちで夫婦共働き、家事や子育てと日本新聞協会勤務の仕事をちゃんと両立させている人物としてマスコミに紹介されたのが発端だ。学校側と信頼関係を築き、親子連れでの田植えや稲刈り行事を企画。近くの多摩川へサケの稚魚を放流する環境教育の実践などもPTA主導で試みた。

市長選出馬に妻は大反対し、本人も当初はためらった。無名の身で当選する当てはないし、落ちて勤務先がクビなら路頭に迷いかねない。が、「あなたしかいない」という皆の必死の説得が土壇場で功を奏する。いざ選挙戦は出遅れが響き、本命の女性候補に大差で敗れる。が、知名度のある他の落選二候補を上回る九四四五票を集めて次点に入る善戦だった。

選挙費用約四五〇万円はほぼ全額を街頭や集会などでのカンパ活動で賄った。選挙終了後、中心メンバー三〇余人が編んだ分厚い報告書には彼らの真情や並々ならぬ苦労が随所ににじみ、一読して度々胸が熱くなった。後々に阿部さんが正真正銘の「市民派市長」として名乗りを上げる素地はこの時に生まれた、と見ていい。

『秘密だらけの日本はイヤッ！』

阿部さんと私は一九八五（昭和六〇）年当時、国家秘密法（通称スパイ防止法）に対する反対運動を通じて知り合った。彼は情報公開をめざす立場から運動に参加し、「国家秘密法に反対する市民ネットワーク」のリーダー格だった。私は反対運動を伝える報道記者としてひんぱんに接触し、同憂の同志として親密な仲になる。

反対運動を進める強い支えになったのがパンフ『秘密だらけの日本はイヤッ！』。秘密法が運用いかんで市民生活をいかに脅かすか、画家・貝原浩氏のイラストをふんだんに使い、分かり易く解説している。一部五百円のこのパンフは一般書店でも扱われるほどよく売れた。運動の拡大と財政面の安定に大きく寄与したこのパンフは、阿部さん自身の非常な頑張りで貝原氏にご無理を願いわずか一晩で仕上がった、という秘話を私は今回初めて知った。

運動の一番の見せ場は英国の国会議員（自由党）や元大学教授ら情報公開運動の専門家三人の来日。パンフ『秘密だらけ……』の眼目を英訳した手紙を郵送して来援を要請したところ、意気に感じ、彼らが手弁当で応援にはせつけてくれたのだ。むろん、私は大きく報じた。もろもろのこうした動きが相まち、中曽根内閣当時の自民党タカ派は法案の提出を断念するに至る。

三〇余年ぶりに再会した阿部さんは、さっそうとしていたその昔と少しも変わっていなかった。女性秘書などへの口の利きようもていねいで、高ぶったところはおよそない。車の運転と写真撮影のため同行した連れ合いはその人柄と見識にすっかり感心し、帰路に

――もっと大きな舞台で活躍してほしい人ね。

と漏らした。私も無論「異議なし！」。「出たい人より、出したい人を」ぴったり。自治体の意欲的経営で培った貴重な体験と識見を国政の場なりに生かしてほしい、と切に願う。

〈『大法輪』二〇一七年三月号〉

三上智恵さん

「だまされた悔しさが原点」

みかみ・ちえ（一九六四〜）

辺野古の海の埋め立て工事の一端ぐらいは時に報じても、本土のマスコミは沖縄で進行している切迫した事態をちゃんと伝えていない。沖縄のテレビ局出身のこの人は、そんな現況を黙視できず、映像作家として迫力あるドキュメンタリー映画を次々制作。波紋を広げている。

ドキュメンタリー映画『標的の島　風かたか』

三上智恵さんの存在に目を見張ったのは三年前のことだ。一七（平成二九）年春、私は都内の映画館でこの人が監督を務めるドキュメンタリー映画『標的の島　風かたか』を見た。南国沖縄の明るい風光や珍しい民俗の紹介をはさみ、現場中継さながらの迫力ある画面と彼女自身のナレーションが、本土にあまり伝わっていない重要な知らせを次々もたらす。

三上智恵さん（2017年5月8日、「東風」事務所で。撮影：横田淳子）

――辺野古の海を埋め立てて建設工事を進める米軍基地は、普天間飛行場の単なる移設ではない。元々はベトナム戦争当時に構想された海兵隊用の全く新たな出撃基地だ。

――県北・東村の高江地区で強行されているヘリパッド（着陸帯）建設工事は、辺野古と一体のもの。現場では、住民の基本的人権を無視する非道が数々まかり通っている。

――宮古や八重山の先島諸島に対する自衛隊ミサイル部隊の本格的配備が着々と進んでいる。アメリカの中国封じ込め戦略の一環で、周辺に緊張が高まるのは必至。

同年春と言えば、トランプ米国大統領と金正恩朝鮮労働党委員長の二人に振り回され、日本中がハラハラドキドキしていた頃だ。日本の安全の面からも、沖縄で現に進行している事態の意味合いを考え込まずにはいられなかった。

映画は、一六年六月に那覇市で開かれた県民大会の場面から始まる。米軍属による女性暴行殺人事件の被害者を追悼する集まりだ。六万五千人もの大群衆を前に、稲嶺進名護市長（当時）は涙声で語りかける。「我々は今回もまた、一つの命を救う風かたか（沖縄方言で「風よけ」「防波堤」の意）になれなかった」。参会者たちから、無念のすすり泣きが漏れる。

　画面は転じ、宮古島の一瞬ギョッとする祭礼風景へ。石垣島では民謡の唄い手・山里節子さん（七八）が紹介され、「私たちの島はお金も力もないけど、（闘うエネルギーを生む）歌と踊りがある」と話す。住民説明会などのシーンを通じ、先島諸島への自衛隊ミサイル部隊の本格的配備が着々と進む様子が伝わってくる。

　米国の軍事戦略に詳しい伊波洋一参院議員（元宜野湾市長）が登場し、こう説く。

　――日本列島を防波堤として中国封じ込めを図るのがアメリカの戦略。米中が直接対決する核戦争のリスクを避けるため、沖縄の島々に自衛隊のミサイル部隊を配置し、米軍の代わりに自衛隊に「海洋制限戦争」をさせようというのが「エアシーバトル構想」だ。

　場面は沖縄県民の多くが反対する辺野古の新基地建設現場へ。陸では座り込み、海ではカヌー隊が工事を止めようと体を張る。二〇年来続く非暴力抗議行動のリーダー山城博治さん（当時六四）は悪性リンパ腫を壮絶な抗癌剤治療で切り抜け、奇跡的に現場復帰をする。毎日ゲート前に立つ島袋文子さん（同八七）は沖縄戦のため酷い火傷を負うが、「死体の血が混じった水を飲んで生き抜いた。私がぶれたら、死んだ人たちに申し訳ない」と意気込む。

　翌七月の県北・東村高江地区。早朝、全国から招集された大勢の機動隊員が続々大型バスで押し寄せる。ヘリパッドのゲート周辺に居座る反対派の人々が一人ずつ担ぎ出され、次々と強制排除される。隊員たちの無表情に近い白けた顔つきが印象的だ。ゲート前に止めた車は残らずレッカー移動され、重機や資材が建設予定地に次々と搬入されていく。が、この強制排除以降も、高江の意気は落ちない。「ここは民主主義の砦《とりで》だ」と全国から次々と支援者がやってくる。テントが張られ、みんなで唄を歌い、炊き出しの飯を食べる。リーダーの山城さんが呼びかける。「必ず勝利しよう！みんなで（やんばるの貴重な）森を守り抜こう！」。痛ましさと雄々しさへの共感か、いつか私は涙ぐんでいた。

沖縄における米兵の犯罪に怒り

映画館で三上監督作品の配給会社の人と交渉し、その後ご本人と都内でインタビューがかなった。念のため断っておくと、彼女はウチナーンチュ（沖縄出身の人）ではなく、ヤマトンチュ（本土出身の人）だ。沖縄の基地問題に対する打ち込みようはなぜか、と尋ねると、こう答が返った。

――小学六年の女児に対する米兵三人の暴行事件が一九九五（平成七）年に起き、「普天間返還」が（代償のごとく）口実に使われた。当時その欺瞞《ぎまん》を見抜けず、まんまとだまされ誤った報道をしてしまった自分が腹立たしく、その悔しさゆえに頑張っているんです。

ちなみに映画撮影後の昨秋、反対運動のリーダー山城さんは器物損壊などの容疑で逮捕され、なんと身柄拘束が五ヵ月にも及んだ（映画公開当時は威力業務妨害容疑などで起訴、公判中）。高江では以前にも、七歳の子まで通行妨害で訴えられるという前代未聞の出来事も起きた。三上さんは沖縄での司法の今の在りように強い疑念を抱き、運動つぶしではと案じている。

三上智恵さんは東京生まれで、父が日本航空に勤める関係で四歳からの三年間は米国サンフランシスコに過ごす。小学六年の時、家族旅行で初めて沖縄を訪問。バスの車窓から見る異形の門中墓に身がすくみ、県平和祈念資料館で知った沖縄戦の酷い有様に強い衝撃を受けた。「夜、一睡もできないくらい怖い思いをしながら、以来沖縄のことが頭から離れなくなりました」。

中学三年の時、社会科の若い教師に影響を受け、白土三平の劇画『カムイ伝』を愛読する。「後々ジャーナリストになったのも、そのお陰でしょう」と言う。実は、私も若いころ、白土の『忍者武芸帳　影丸伝』や『カムイ伝』に夢中になり、そのレジスタンス精神に強い共感を覚えた口だ。このエピソードにも、彼女が沖縄に肩入れする素地がうかがえる。

沖縄民俗学の講座がある成城大学へ進み、卒論のテーマは「沖縄のシャーマニズム」。調査のため、宮古島などを度々訪ねた。就職先に毎日放送を選んだのは、「リポーターとして現場を踏めるかも、と思ったから」。入社八年目の九五年、阪神淡路大震災に遭い、自宅マンションが半壊。開局間近の琉球朝日放送（ＱＡＢ）から誘いがあり、移籍を決断する。

沖縄に移住し、ＱＡＢでローカル・ワイドニュースのメイン・キャスターを務める傍ら、沖縄の歴史や文化・社会をテーマとするドキュメンタリー番組を次々制作する。いわく『超古代文明は琉球弧にあった！？』『海にすわる――辺野古６００日の闘い』『１９４５――島は戦場

だった　オキナワ３６５日』などなど。優れた放送作品に贈られるギャラクシー賞の優秀賞などを度々受け、二〇一〇年には以前アグネス・チャンや国谷裕子、黒柳徹子らが受けている「放送ウーマン賞」にも輝く。

沖縄の不条理を伝えたい

しかし、達成感はなく、どこか虚しさが付きまとう。「どんなにいいものを撮っても、全国ネットになかなか乗らない」から。基地問題がテーマだとスポンサーが付かず、キー局はいい顔をしない。「沖縄の問題が沖縄だけに放送されていても意味がない。なんとか手はないものか、考えに考えました」。

思いついたのが、テレビ番組用の作品をドキュメンタリー映画に仕立て直すこと。一二（平成二四）年秋に起きた高江地区へのオスプレイ配備をめぐる反対派と警察との攻防を描く初監督作品・劇場版『標的の村』はキネマ旬報文化映画第一位に輝く。公演後の自主上映が全国約七三〇ヵ所にも及ぶ大ヒットとなる。「ニュースや企画番組ではろくに反応のなかった沖縄の基地問題が、映画化することでこんなに大きな反響を呼ぶのか、と正直驚きました」。

が、出る杭は打たれる。ＱＡＢ社内での摩擦はいろいろあったらしい。年齢的にも管理職への昇格すなわち制作現場からの離脱を迫られる立場。成算があったわけではないが、翌々年、会社をやめてフリーの身に。カンパを募り、第二作『戦場《いくさば》ぬ止み《とうどう》』を制作する。辺野古のゲート前フェンスに掲げられた琉歌（沖縄の短詩形歌謡）の一節から題名を採り、新基地建設をめぐる攻防をテーマに日本の戦争の息の根を止めたい、という三上監督の意気込みを示す。前作に劣らぬ好評で迎えられ、前述した最新作の制作へとつながっていく。

三上さんは、元々好きだった沖縄民俗学の研究も重ねている。ＱＡＢに移ってしばらく、三七歳の時に沖縄国際大大学院へ通い出す。夕方、キャスターの仕事を終えるとすぐバスに飛び乗り、一〇キロほど先にある宜野湾市の大学へ。二年間のコースをなんとか終了し、修士号を取るとただちに同大の非常勤講師に就く。頑張り屋だからこそで、研究成果である学問的観察をこう述べる。

――沖縄ほど神々が生き生きしている所はない。こんもりした森やちょっとした岩、あるいは海辺でもいい。神々しい所であれば神が宿る、とみんな信じてる。共同体と自然と神々が三位一体で存在してることが最大の魅力です。

――年寄りでも歌や踊りが好きで、みんな元気。オジイオバアは太陽で、年寄りを立てる。死後の世界（霊魂不滅）を信じる人が多く、本土のように年寄りが縮こまっていない。

私が初めて沖縄を訪ねたのは今から半世紀近く前の七二（昭和四七）年。沖縄が日本に返還される五月一五日の前々日で、朝日新聞記者として那覇支局の取材応援のためだった。着いた次の日、タクシーを終日借り切り、沖縄戦の戦跡探訪と米軍基地の偵察を試みた。

米軍に追い立てられた多くの民衆が絶望の末に身投げした本島最南端の糸満市・喜屋武岬、

戦火の犠牲になった女子学徒隊二一九名の慰霊碑「ひめゆりの塔」、洞窟《がま》が黒々と口を開ける最後の激戦地・摩文仁《まぶに》の丘。阿鼻叫喚《あびきょうかん》、鬼哭啾啾《きこくしゅうしゅう》の地獄図を想起し、ただただ立ちすくむばかりだった。

午後は宜野湾市に居座る「世界一危険」な海兵隊・普天間飛行場、コザ市（現沖縄市）にある「太平洋の要石」嘉手納飛行場、中部の太平洋岸のキャンプハンセンとキャンプシュワブ（現辺野古基地）の姿をタクシーの中からざっと観察。「基地の中のオキナワ」を肌で感得した。

私は平和運動や大衆運動を担当したせいもあり、その後も何度か沖縄を訪れている。チャンプルーの炒め物や三線の島唄にテンポの速いカチャーシーの踊り、そして何より沖縄の人々の明るい気質が大好きだ。それだけに、三上さんの映画『標的の島　風かたか』が映し出す人権無視・民意無視の惨い仕打ちには心を痛めずにいられない。「あっちの方の話」と他人事のように見なす本土側の無関心ぶりが、沖縄の不条理を助長している。

〈『大法輪』二〇一七年八月号〉

第9章　貧困問題

湯浅誠さん

「貧困は自己責任ではない」

ゆあさ・まこと（一九六九〜）

日本の社会を深く蝕む貧困問題と取り組む社会活動家で東大特任教授。貧困者支援の実践活動の経験を基に貧困の実態と病理を著作で明らかにし、論壇にデビュー。近年は「子ども食堂」の支援にも乗り出し、「反貧困」の社会活動を重ねている。

日本社会を深く蝕む「貧困」問題

二〇一八（平成三〇）年六月に事情が明らかになった五歳の愛らしい女児・船戸結愛ちゃんのなんとも痛ましい死に、当時の私は心底強いショックを受けた。

——もうおねがい　ゆるして　ゆるしてください　おねがいします

住まう東京・目黒区内の自宅アパートから、両親への謝罪の言葉が鉛筆で綴られたノートが

湯浅誠さん（本人提供）

見つかった。母親（当時二五）の連れ子で、寝る部屋を継父（同三三）と母親との間に生まれた弟（同一）や両親と別にされ、食事も満足にはさせてもらえなかったという。年初に一六・六キロあった体重が二ヵ月後の死亡時は一二・二キロに減っていた。継父に朝早くから平仮名を書く練習を命じられ、従わないと虐待が待っていた。

前年まで住んでいた香川県で、継父の暴力と放置する母親を見とがめた近所の人が通報し、結愛ちゃんは児童相談所の一時保護を二回受けている。無職の継父が職探しのため上京し、一家は慣れない東京で暮らし始めたばかりだった。いたいけな幼い命を、なんとか社会が救う手立てはなかったか。両親は保護責任者遺棄致死容疑で逮捕・起訴されたが、失われた命は還ってこない。「とんでもない夫婦がいたもんだ」と紋切型の非難で片付けてはなるまい。

日本の貧困問題の実情に詳しい湯浅誠さんは言う。「痛ましい一連の出来事の内に、今の日本社会を深く蝕む『貧困』の病弊をまざまざと見る心地がする」。

湯浅誠（敬称略）は一九六九（昭和四四）年、東京で生まれた。父は日本経済新聞記者、母は小学校教諭。私立武蔵高校を出て一浪後、東大（文科一類）に入る。学友が外国人労働者問題をきっかけに野宿者の支援活動を始め、彼も支援に加わる。湯浅には三つ年上の兄がいるが、進行性の筋委縮症という難病を患う重度障碍者だ。「自分には、そんな兄貴のいる生育環境が大きかった。差別される側にいた、という意味合いで」

九五年に法学部を卒業し、翌年に東大大学院法学政治学研究科に入学。父は官僚になるよう勧めたが、彼自身は人に使われるのが嫌で就職する気はなかった。勉学に併せ、野宿者支援を続行。バブル崩壊後の経営悪化が響き、渋谷の街の野宿者は激増。「社会の底が抜けていくようなショックを感じた」。大学新卒者の就職難が響き、野宿する若者の姿も珍しくなくなる。二〇〇〇年代に入ると「ネットカフェ難民」の姿も社会現象化する。

大学院在学中の二〇〇〇（平成一二）年、彼は支援の炊き出しに必要なコメを集める「フードバンク」を設立。翌年、ホームレス支援のための「自立生活サポートセンター、もやい」を立ち上げる。大学院は博士課程単位取得後に退学し、運動に専念するようになる。本人の弁は「やりがいがあり、面白かったから」。奨学金を打ち切られ、生活の糧を得る道を算段。フードバンクを立ち上げた仲間が野宿者のために営む古着リサイクル店「あうん」（東日暮里）に乗り込んで便利屋部門を起こし、自身を含むスタッフの月収八万円を確保可能にする。

「構造改革」を掲げる小泉政権下の〇四年、自動車や電機など製造業も法改正で派遣労働が可能になる。倒産寸前とされた日産が、かのカルロス・ゴーン社長の剛腕で社員を大量整理、V字回復を遂げる。「一将功成りて万骨枯る」。クビになった側はたまらない。あちこちで似たような現象が起き、食べていけない人々の路頭に迷う姿が増えていく。

〇八（平成二〇）年秋、リーマン・ショックによる景気の冷え込みが襲来。大手製造業で大規模な「派遣切り」が続出。同年暮れまでに八万五千人が雇い止めに遭い、失職者や食べていけなくなった人たちからの相談が「もやい」に相次ぐ。「空から鳥がばたばた落ちてくる感じがした」と湯浅は形容する。

「年越し派遣村」が問うたもの

湯浅を一躍、全国区の知名人にするのが〇八年大晦日～翌年一月四日に日比谷公園で開いた「年越し派遣村」だ。開村三日目の正月二日には、想定の倍の三〇〇人を超えた。「村長」の彼は知り合ったばかりの大村秀章・厚労副大臣（現愛知県知事）とケイタイで掛け合い、厚労省講堂を開放させることに成功する。粘り腰で押しが強いのは、活動家に必須の要件だ。

民主党政権が成った〇九年秋、副総理・国家戦略担当大臣、菅直人の要請で内閣府参与となる。同年暮れ～翌年明けに代々木オリンピックセンターで「公設派遣村」開催。が、政権は変われど、公僕意識の薄い役人たちは「笛吹けど踊らず」。談話室にポットがなく温かいお茶が飲めないのを注意しても、現場がなかなか動かない。とうとう大晦日の夜、湯浅本人が渋谷の街へ直々ポットを買いに行ったそうだ。

一四（平成二六）年、法政大教授（現代福祉学部）に就任する。ネットの情報によると、「一風変わった授業」をする「一風変わった先生」だったとか。さもありなん、と感じる。

著述家としての湯浅の強みは、実践経験に基づく信念であり、加えて文章を書く能力、表現力だ。〇八年に著した単行本三作目の『反貧困――「すべり台社会」からの脱出』（岩波新書）は「平和・協同ジャーナリスト基金賞」大賞と「大佛次郎論壇賞」（朝日新聞社）を受ける。同書は日本社会における貧困の実態を紹介し、取り組むべき対策を説く。

まず、「貧困問題の現場から」と題し、こう彼は記す。

――九〇年代の長期不況以降、正規から不正規への雇用代替が急速に進み、（中略）今や、全労働者の三分の一（一七三六万人）が非正規であり、若年層（一五～二四歳）では四五・九％、女性に至っては五割を超えている（五三・四％）。年収二百万円以下の給与所得者が二〇〇六年、一〇二二万人に達した。

――もはや「まじめに働いてさえいれば、食べていける」状態ではなくなった。（中略）これまでの日本社会の「あたりまえ」が「あたりまえ」ではなくなったのである。

さらに、「公的扶助のセーフティネット」について、以下のように述べる。

――生活保護基準以下で暮らす人のうち、学者の調査では推計で約四〇〇万世帯六〇〇万人～約六〇〇万世帯八〇〇万人の生活困窮者が生活保護制度から漏れている（受給者は約一六〇万人）。生活保護ではよく「不正受給」が問題視されるが、〇六年度の不正受給件数は一万四六六九件。この「濫給」と数百万人に及ぶ「漏給」、いずれが深刻かは自明だろう。（要旨）

――うっかり足を滑らせたら、（セーフティネットの）どこにも引っかかることなく、最後まで滑り落ちてしまう。（中略）日本社会は、今どんどん「すべり台社会」化しているのではないか。

貧困は自己責任ではない

彼は「貧困は自己責任なのか」と問い、人々が貧困状態に至る背景には「五重の排除」がある、とする。すなわち、①教育課程からの排除（背後には親世代の貧困がある）②企業福祉からの排除（雇用のネットから弾き出され、雇用保険・社会保険に入れず、様々な福利厚生や組合共済などから排除される）③家族福祉からの排除（親や子供に頼れないこと）④公的福祉からの排除（当人が本当に生きていけるかどうかに関係なく、申請者を追い返す技法に頼る生活保護行政）⑤自分自身からの排除（何のために生き抜くのか、何のために働くのか、生存の意義を見失ってしまう状態）。

特に⑤については、「生きていても、いいことは何一つない」という心理状態と注釈。「生活困窮者は、はよ死ねってことか」（北九州市で〇七年、死後一ヵ月のミイラ化した遺体で発見された五二歳の男性の日記の一文）などを紹介。日本社会で毎年出る三万人超の自殺者のうち、「三割の約一万人が生活苦を理由としたケースでは」と推計されている、とする。

そして、後段では国内各地で始まっている「反貧困」への取り組みを子細に紹介する。市民活動や労働運動、「たすけあいネットワーク」、法律家たち……。湯浅はこう結ぶ。

――貧困は自己責任ではない。貧困は、社会と政治に対する問いかけである。（中略）この社会を変えていく以外に、「すべり台社会」から脱出する方途はない。

一二（平成二四）年刊行の脳科学者・茂木健一郎氏との共著『貧困についてとことん考えてみた』（NHK出版新書）の内容は、「反貧困」への取り組み活動の紹介とリンクする。二人は釧路（炭鉱閉山、地場産業衰退）～大阪・豊中市（千里ニュータウンがある中核市）～沖縄（全国一失業率が高い地域）と巡る。NPO法人・民間団体・行政機関などが連携して取り組む地道で着実な活動をとっくり視察。

茂木氏は感想をこう述べている。「社会の中に自分だけで何かをしている人などいない。シリコン・バレーのイノベーションは「友だち」のネットワークから生まれる。「自己責任」という、知性のかけらもない言葉で人間の鎖を分断することによって、日本社会は停滞という氷河期に、自らを閉じ込めてしまった」。

湯浅さんは一八年九月、NPO法人「全国こども食堂支援センター・むすびえ」理事長に就く。民間団体の一九年の調査では、こども食堂は全国で三七一八か所（前年の一・六倍）。貧困家庭の子供が通う場所に止まらず、高齢者の孤立解消などにもつながっている。彼は言う。

――家でも学校でもない第三の居場所づくり。中高生や障碍者・外国籍の人々などとの幅広い交流の場にもなり得る。全国二万の小学校の校区に一か所ずつ置けるよう、目指したい。

一九年三月に法大教授を辞任し、翌四月に東大先端科学技術センター特任教授（人間支援工学）に就任。今後の展望をこう語っている。

――平成の三〇年間は（戦後の）高度経済成長期に確立した「日本型雇用システム」「雇用による包摂モデル」それに応じた標準的ライフスタイル・ライフコースが融解していく過程だった。従来の発想の延長線上に（事態に対処する）解はなく、発想そのものを見直していく必要がある。

理論と行動力があり、弁も立つ。人材に乏しい野党などがリーダーに担いだら、人気が出るのは必定と思える。政治の世界へ本気で転身してくれないものか、と心ひそかに願う。

〈『大法輪』二〇一八年一二月号〉

高橋秀さん　藤田桜さん

「自己の自立の無さが歯がゆい」(高橋)
「望郷の思ひおのずと菊の頃」(藤田)

たかはし・しゅう(一九三〇〜)　ふじた・さくら(一九二五〜)

美術家同士のカップルだ。二人は三〇代のころローマへ渡り、欧州生活四一年。極めて個性的な制作を重ね、それぞれ着実に地歩を築く。近年は倉敷の瀬戸内沿岸で暮らし、九十路の今なお現役。「人生百年時代」を地で行く見本と映る。

若い芸術家のために「秀桜留学基金」

本書の後段に登場する優れた詩人・評論家、大岡信氏が異色の美術家・高橋秀さんのために詠んだ詩の一節に、こうある。「ワレメ――そう聞くだけで／人々はある種のものを／想像し

高橋秀さん（左）と藤田桜さん（2019 年 4 月 17 日、撮影：横田淳子）

／或ひは微笑し／或ひは顔を赤らめる／歴史の神秘な谷間を思ひ／地質学の知られざる発見を思ふ／（ああコトバは偉大だ／たった一言で！）」

そして、私と大学の同窓で朝日新聞入社も同期だった故・根本長兵衛君（「朝日新聞」元ローマ特派員・企業メセナ協議会元専務理事）も、この高橋秀さんについて、秀逸な要旨次のような一文を書き残している。題して「『言行一致』、造形のマエストロ」。

――一九八〇年のこと。縁あって秀さんとお近づきになる。酒豪の彼から酒席で歯に衣きせぬ、辛辣、かつ痛快極まりない、卓抜な日本イタリア比較論を胸のすく思いで拝聴した。

秀さんの作品もじっくり拝見する。白やピンクの幾何学的なかたち、有機体を思わせる丸やかな形態の隅に置かれた色鮮やかな華麗な色彩の点や線、それに悩ましい割れ目が入ったリトグラフが多かった。いわゆる「エロティスムとユーモア」が基調になった作品だが、猥褻《わいせつ》さやじめじめした性の暗さは全くない。破顔一笑する秀さんの明るい笑いを連想させる大らかなユーモアで、当てこすりや忍び笑いとは無縁な造形だ。ハイカラで流線型の形象なのだが、イタリア人にはオリエンタルな日本アートに見えるに違いない。これまで経験したことのないオリジナリティに、強いショックと感銘を受けた。――

この高橋秀さんはイタリア在住の九六（平成八）年、倉敷芸術科学大教授に就任する。二〇〇四年には四一年に及ぶローマ生活を切り上げ、前々年にアトリエを築いた倉敷・沙美海岸に居を移す。隣の岡山市に在住する宗教家・黒住宗晴氏は文化方面にも明るく、私がかねて昵懇《じっこん》に願っている方だ。同氏を介し高橋秀さんの最近の消息を知り、頂いた資料から秀さんの長年の連れ合いで「コラージュ（布貼り付け絵）」作家・俳人の藤田桜さんの横顔も知るに至る。

ご両人は戦後まもない頃、高名な挿絵画家・雑誌編集者だった中原淳一氏の許で知り合い、結ばれる。当時の秀さんは中原氏が手掛ける雑誌『ひまわり』や『それいゆ』に挿絵やカットを器用に描き、それなりに収入を得ていた。だが、（このままだと本業の絵画がだめになる）、と「人気者の危険」に本能的に感づく。結婚して何年目かの正月早々、秀さんは桜さんの前にがばとひれ伏し、こう懇願する。「絵画の制作に目鼻がつくまで、収入目当ての仕事は放棄する。当面しばらく、生活の面倒を見て頂きたい」。

頭を下げた秀さんも潔いが、胸中を察して承知した桜さんも偉い。似合いのカップルの呼吸は須らく、こうありたい。ご両人には、美談がもう一つ。東京・世田谷にあった宅地を売却したお金で「秀桜留学基金」（一億円）を設定。一六（平成二八）年までの一〇年間、若い美術家を毎年三人ずつ海外へ送り出し、一年間自由に勉強する手助けをしてきた。これまた、なかなかできないことだ。

「藤田桜の小裂《こぎれ》コラージュ」

二〇一九（令和元）年四月半ば、私は前記の黒住さんの手引きですこぶるのどかな風光の倉敷・沙美海岸に秀・桜さん宅をカメラ担当の連れ合い同伴で訪問。酒盃を傾けながら半日近く歓談し、「人生百歳時代」を地で行くお二人の生き様とお人柄をとくと確かめさせて頂いた。

俳人・桜さんは二〇〇五（平成一七）年、自作『句集』を刊行している。ローマ滞在中に詠んだ句が大半で、繊細な感覚と深い心を映す中に、母国への強い郷愁がにじみ出ている。

――「小菊また殖やし異郷に年重ね」「浴衣着てローマの夏も捨て難し」「望郷の思ひおのずと菊の頃」「忓羊に焼き印を押す聖夜近し」「シーザーが虻《あぶ》に泣きべそカーニバル」――

これに先立つ一九八二（昭和五七）年、エッセー集『ローマでエプロンかけて』（新潮社）も著した。表題通り、一家の主婦としての奮闘ぶりが躍如とする。まずは、台所事情から。

▽春先から初夏にかけて。佃煮にするフキが市内の川や池の辺りにいっぱい野生している。大きいのは太さ三センチ、長さ一メートル半もある。ワラビも自然公園の土手などに生えている。秀さん・桜さんとも好物なので、季節には日本人の友人らと連れ立ち、摘みに行く。

▽魚屋は露天の朝市に十数軒が並ぶ。イワシや近海ものの小魚が生で入り、エビやイカはアフリカから、季節によってマグロも大きな塊《かたまり》で入る。日本の魚屋のようにお造りにしたり、

ていねいにさばいてはくれないから、一〜二キロと塊買いしたマグロのさばきは主婦の仕事になる。

▽調味料では、ミソ作りをローマ在住の日本人の友人から伝受してもらう。大豆一五キロに米・塩各六キロで、約三六、七キロのおいしいミソが出来上がる。大豆の粉で豆腐も作れるし、コンニャクも手はかかるが大丈夫。夕食はすき焼きでとなると、朝から手間暇のかかること！

さて、桜さんは主婦業を離れて「布貼り付け絵」作家という、別個の顔を持つ。五二（昭和二七）年から月刊保育雑誌『よいこのくに』（学習研究社）の表紙絵の専属作家となり、『ぴのっきお』など秀抜な作品を数々残す。メルヘンめく詩情にあふれ、見る者をすっかり魅了する。七七（昭和五二）年、ボローニャで出版された児童書イラストレーター選集には二〇ヵ国三七作家の一人として選出されている。『芸術新潮』の八五（昭和六〇）年一二月号は「藤田桜の小裂《こぎれ》コラージュ」と題し、コラムに要旨こう記す。

――コラージュと思えないほどの、穏やかな色の諧調がある。ローマに在住し、この一〇年腰を据えて小裂と付き合ってきた藤田は、裂の主張や相性をすっかり手の内に収めているらしい。縁を重ねていく技法は、単に物質的な厚みではなしに画面に深みを作る。下絵や型紙を使わないフリーハンドの裁断が、このコラージュの上品さを支えている。

イタリアでの異文化体験でわかること

高橋秀さんに話を戻す。少壮三三歳でイタリア政府招聘留学生としてローマへ渡るが、その日本離脱の動機が彼らしく少々変わっている。前々年、新進洋画家の登竜門とされる「安井（曽太郎）賞」を授与されるが、そのため画商から新作の注文が相次ぎ、「それをこなす苦痛から逃れたい一心から」だった、というのだ。

いざ異郷の地に暮らしてみると、日本の伝統文化が輝いて映り、日本賛美の念がひたすら募る。だが、次第に胸中は変わっていく。同世代のイタリア人作家とグループ活動や展覧会開催を重ねるうち、彼らの自己主張や確立された個性の強靭《きょうじん》さを思い知る。制作は荒っぽく仕上げがいい加減と一見映っても、その主張はすごく響いてくる。自分のは仕上がりは完璧でも、何が言いたいのか主張が浅薄なのを痛感してしまう。日本人の発言のあいまいさ、という特性も自覚せざるを得ない。

留学四～五年目は経済的にも大変なピンチだった。「一キロの小イワシだけで一週間持たせた」とは台所を預かる桜さんの語り草。秀さんは寝る以外はアトリエにこもり、一心に制作に打ち込む。当時のモノクロームな仕事は求心的で、寡黙な方向へひたすら向かう。が、突き当たった壁の向こう側へやがて突き抜け、解放感を見出す。

作品制作が無性に楽しくなり、膨大な数のモノクロ作品の後に、カラフルな作品への移行も可能になる。六〇年代後半には、有機的なフォルムからエロスに目覚めていく。もっとフォルムを膨らましたい、もっと広げたい、という膨らみ願望が元。言うならば、「無限、永遠願望」に由来するものが女性のフォルムに近づいた、と秀さんは説明する。

九三（平成五）年、ローマ国立近代美術館で「高橋秀ローマ滞在三〇周年記念個展」が開催される。初の回顧展で、オープニングには親しい間柄の岡山在住の宗教家・黒住宗晴氏が吉備樂のメンバー十数人と特別参加。珍しい響きの吉備樂が流れ、古雅な趣の吉備舞も披露され、ふだんは賑《にぎ》わしいローマっ子たちが静まり返る一幕もあった。

壮年期を中心に四一年もの長い歳月を異境《いきょう》イタリアで過ごした秀さんの異文化体験に基づく独特の観察眼は貴重だ。現今の日本社会の在りようについて、覚めた目でこうつぶやく。

――生活面・政治面・文化面と非常に悔しいが、日本は多分に見劣りする。なぜこんなに育っていないのか、幼いのか、と悔しいながら感じる。鎖国体制の江戸時代の習性を引きずってか、自己の自立のなさ――自己主張のなさは歯がゆいばかり。日本は経済ばかりが肥大化し、生活面全体の向上という思考が全く欠落している。

――政治面でも、イタリアはやはり大人だ。政治家のための政治ではなく、人民のための政治をしている。その点、日本はまた自民党が復権し、国民の間から馴れ合いに対する強い不満や怒りもない。離れ島という環境が災いしてなのか、暗たんとした思いにとらわれる。

ほぼ同世代の私自身も全く同感だ。辞去間際、アトリエへ案内された。正面の壁にかなり大きな「磔《はりつけ》のキリスト」像が掛かっている。（秀さんもミューズに魅入られた受難と献身の人に違いない！）瞬間、強い感動が身内を走った。

タイミングよく一九年の七月六日～九月一日にかけ、東京・世田谷美術館が「高橋秀＋藤田桜『素敵なふたり』」と銘打つ企画展を開催（以後、同年秋～二〇年二月にかけて倉敷・伊丹・北九州の各市でも順次開催）。ＮＨＫのテレビ番組「日曜美術館」も七月二八日に二人の特集番組を放映した。連れ合い共々世田谷美術館をのぞいたが、なかなかの盛況。秀さんは大作が中心、桜さんは小品が多いが、いずれ劣らず実に見ごたえがあった。

〈『大法輪』二〇一九年七月号〉

第11章　国際交流②

山田みどりさん

「ロシアより愛をこめて」

やまだ・みどり（一九三六～）

三〇年余にわたり、ロシアなど旧ソ連圏の国々との草の根の親善交流に尽くしている。特技は生け花・茶道・墨絵・造園。華奢《きゃしゃ》な体で楚々とした物腰。八十路を迎え、なお残んの色香が漂う。めったにいないフシギな女性だ。

日本の伝統文化の真髄を手ほどき

五四歳でロシアへ渡り、モスクワの大学院を修了、芭蕉の『奥の細道』のロシア語版を著す。日本の伝統文化の真髄を手ほどきし、弟子の数は延べ千人以上。長年の文化交流への貢献に対し、外務省から銀杯そして内閣府からは叙勲を受けている。

二〇一六（平成二八）年の歳末、正月休みで帰国中の彼女と久々に再会し、近況を耳にした。

山田みどりさん（近影）

現地のテレビには何十回となく登場し、モスクワの社交界でも賓客扱い。権勢を極めるプーチン大統領のリュドミラ前夫人（六年前に離婚）ともレセプションの席で二度対面。親しく会話し、「感じのいい女性だった」とか。プーチン大統領には三〇歳齢下の元五輪金メダリスト（新体操）カバエバ現下院議員との仲が噂されるが、向こうでは離婚はざら。夫婦別れは取り立てて問題視されないらしい。

大統領選挙などでは圧倒的支持を誇るプーチン氏だが、ロシア人の弟子たちの間では支持派と反支持派が相半ばするといい、彼女いわく

――現状肯定、安定志向のせいか学歴の高いエリート層に支持派が多く、そうではない庶民的な人々の側で不支持が目立ちます。

北方領土問題をめぐる日ロ首脳会談については、

――四島か二島かと日本側が意固地になるから、話が進まない。ロシア人の弟子たちの八割方は「四島なんか返せばいい」と言います。プーチンが強硬なのは、メンツゆえ。日本も体面はもう捨てて実利をとり、共同で一緒にやればいい、と思う。

生け花には、花の色や形に質感をはじめ、葉の伸びやかさ・枝の弾みなど草木を多角的に見つめ、様々な美を見出す感性が要る。が、梅がどう咲いているか、竹がどう伸びているか、を論じようにも梅も竹も手近に無ければ話にならない。当初は花無し・花器無し・鋏《はさみ》無し。文字通り、ゼロからの出発だった。

日本から段ボール三個分の造花を取り寄せ、それで稽古《けいこ》をした。花鋏や華道具など必需品の輸送費が毎回約一〇万円分にも上ったが、稽古の度に鋏や道具類を盗られ、情けない思いも度々味わう。こらえてやっていくうち、面白いように入門者が増えだす。が、こつをのみ込んでもらうまでに手間ひまがかかる。「もともと天分に恵まれた日本人と違い、向こうの人は雰囲気を捉えるのがなかなか難しいようです」。

墨絵となると、墨の存在さえ知らないから、もっと大変。筆の使い方一つ、初めは丸で分からない。でも慣れさえすれば、芸術に向く民族的な遺伝子があるのか、すごく早く成長する。「東京での本格的な展覧会に何人も入賞していて、そのうち私が追い抜かれそう」

驚くほかないのが造園の才。ウクライナの首都キエフに設計した広さが一ヘクタールもある日本庭園は上々の評判を呼ぶ。ペテルブルクの日本庭園には開園早々四千人もの見物客が詰めかけた。樹木を周辺に一杯植え込み、中心部に大きな泉水と築山を設け、朱塗りの太鼓橋や灯篭・東屋・茶室が配されている。通信教育でけんめいに学び、造園家の資格まで取ったというから、その精進ぶりには頭が下がる。

京都での池坊本展示会の見学や東京での墨絵コンクール参加などのため、毎年のように門弟たちを手引きして国内各地を案内する。日本固有の魅力にすっかり取りつかれ、帰国するやすぐさま再来日の準備へ、みんながみんな貯金を始める、という。

——日本は麻薬だ。一度来たら病みつきになり何度でも来たくなる、と口々に言います。

モスクワの国際青年友好会議に参加

山田みどりさんは旧満州ハルビン市に生まれ、敗戦はずっと南の渤海沿岸・錦州で迎える。小学校四年の時で、進駐してきたソ連軍兵士の無法なふるまいがあり、随分怖い思いもした。混乱する中、百万もの在留邦人が錦州から帰国の途につくが、旧満鉄関連の建築家だった父が技術者としてソ連軍に留用され、一家はなおも三年現地へ留め置かれる。

ロシア人が住むアパートで共に暮らし、小学校も向こうの子らと一緒。住まいも学年も同じ女児とごく親しくなり、忘れられぬ思い出が生まれる。深層心理ふうに言えば、ロシアとの友好関係はこの時に始まる、と見てもいいかも知れない。

日本へ帰国して成人後、縁あって社会党代議士（左派系）の秘書を務める。激動の六〇年安保のころ、国会デモで紛糾する渦中へ若手スタッフとして動員され、危うく機動隊に逮捕されかかる一幕もあったそうだ。当時大学生だった私も同じく国会デモに加わった口だから、ここでも彼女との因縁を感じずにはいられない。

六五年、モスクワでの国際青年友好会議に日本代表として参加。バイカル湖畔での二週間のフォーラムに加わり、モスクワ大学での国際会議に列席した。グルジア～アルメニア～オデッサと回り、全行程五〇日間。通訳や付き添い役を務めるモスクワ大学の学生たちと親密になり、後に日本へ留学してきた折には、鎌倉の自宅へ招待したり名所旧跡を案内し、深い付き合いに。そうした人間関係も後年の彼女のロシア行決断に一役買っている。

旧ソ連体制が瓦解、「民主化」ロシアが発足する直前の九〇年、モスクワへ赴く。空港への出迎えのバスは窓ガラスがなくて猛烈に寒く、暖房のない学生寮でがたがた震えた。死ぬかとばかりで、「来なきゃよかった」と思った。全部英語の大学での授業はついていくのが大変で、寝る間も惜しんで辞書と格闘する。留学生の一行は男性六人に女性四人。男子では女性問題で破たんしたり、ノイローゼに陥ったり、三人が脱落して中途で消えた。

モスクワの大学院を修了後に芭蕉の『奥の細道』ロシア語訳本を刊行する。実物を見せてもらうと、ハンディで洒落た装丁の全七〇頁。「行く春や／夢は枯野を／かけめぐる」「象潟や／雨に西施が／ねぶの花」「むざんやな／甲の下の／きりぎりす」など代表句を流麗な墨書で要所要所に挟み、水墨による達者な風景画がたっぷり入って心に沁みる。訳文の方は、あいにく無学でちんぷんかんかん。

「ロシアのありのまま」を伝える

山田みどりさんと初めて対面したのは、四半世紀余り前の九三（平成五）年。当時、関わっていたサークルが主催する「新生ロシア視察ツアー」に参加した折のこと。夏休みを利用する五泊六日の駆け足旅行で、訪問先はモスクワとペテルブルクの両都市だった。

限られた見聞ながら「百聞は一見に如かず」。インフレのすさまじさや治安の危うさなどを目の当たりにし、旧ソ連の国家崩壊の惨状をまざまざと知ることができた。その折に我々の世話をしてくれたのが「ロシア科学技術アカデミー」職員の彼女である。

驚くことは山ほどあった。エルミタージュ美術館を案内してくれたペテルブルク大学の先生は「ブレジネフは美術館の財宝を横流しして高級車を何十台も買った」と公言。みどりさんもそれを認め、「ゴルバチョフも似たような振る舞いをした」と付け加えた。社会主義・共産主義なら本来平等であるべきなのに、上の者が極端なぜいたくをし、下の者は苦労しながら貧しい生活を強いられる。それでは社会がちゃんともつ道理がない。

街中では、食料品店の非能率さにもたまげた。店内にパン・食肉・乳製品・野菜と四つの売り場があり、買い物客はまとめて買うことがかなわず、めいめいの売り場にそのつど行列して買わないといけない。一回の買い物に一～二時間はかかるといい、年金暮らしのバーブシカ（おばあさん）が若い夫婦などの代わりに行列役をバイトにする、とも聞いた。

当時、山田さんはこう口にした。

――経済混乱が続く今のロシアは、日本の戦後すぐと同じ。戦後の荒廃から立ち直った日本の経験を、先輩として指導してほしいんです。

そして、ロシアの民衆の一人ひとりは人柄が至って善良で、芸術や文化にも奥の深い素晴らしい伝統があることを熱意をこめて説いた。華奢な体で物腰は楚々とし、異郷の地で孤軍奮闘する姿はどこか痛々しくさえ映った。

実は、私は彼女の横顔を朝日新聞の九三年一〇月二三日付け朝刊「ひと」欄で紹介。翌年には、私がインタビュアー（筆名・岩井田恭）役を務め『山田みどりのロシアありのまま』（「ほんの木」社）という単行本も出している。

ロシア社会のこの四半世紀の変遷を間近で見つめた感想を、彼女はこう述べる。

――コンビニこそ未だありませんが、スーパーやホームセンターなんかは街中にわんさとでき、食料品や衣料に生活雑貨など輸入品も含め今はお金さえ出せば何でもすぐ買えます。しかし、巷には、乏しい年金だけでは食べていけないお年寄りなど物乞いをする人々も数多くいる。自由化で人々が本当に幸せになったかどうか、疑問です。

結びに一言。みどりさんの大好きな芭蕉には「公儀の隠密」説が伴う。彼女もジョーク半分に自身をロシアへの密偵になぞらえる。ご存知ジェームズ・ボンドの007ものの一つに「ロシアより愛をこめて」とある。胸中をあえて推し量り、今回はそれを標題に頂いた。

〈『大法輪』二〇一七年四月号〉

第2部

書を捨てて外へ出よう

田部井淳子さん

「登山は精神力六割、体力四割」

たべい・じゅんこ（一九三九～二〇一六）

女性として世界初のエベレスト登頂を果たし、世界七大陸最高峰の登頂なども達成した人だ。登山家として国際的名声を手中にし、後半生では登山の社会的・文化的意義の周知にも一役買った。家庭人としても「主婦の鑑」。夫婦仲が睦まじく、二児をしっかり育て上げている。

命がけのエベレスト登頂

先ずは、命がけの難業だったエベレスト登頂のハイライト部分の紹介から。私が彼女から直接聞いた述懐と著書『タベイさん、頂上だよ』（ヤマケイ文庫）の記述を基に記す。

一九七五（昭和五〇）年五月四日深夜、ズシンと腸《はらわた》に応える地響きと共に大雪崩が高度六四〇〇メートル地点にある登山隊第二キャンプに襲いかかる。千メートル以上も上の氷河から重さ数

田部井淳子さん（1984年３月１日撮影、朝日新聞社提供）

トンもの大きな氷塊が落下して粉々に砕け、丘陵帯へ押し寄せたのだ。田部井ら隊員七人が休むテントは氷の破片もろとも押し流され、同僚に体を挟まれた彼女は身動きならず、意識を失う。

幸い別の場所にいて無事だったシェルパたちが埋まったテントをすぐ見つけ、隊員たちを救出する。田部井は意識が戻ると、氷の上に寝かされていた。「四、五分遅れていたら、窒息死していたかも」と漏らす。同行する報道陣が「田部井が一番重傷。ヘリの手配を」と騒ぎ、千メートルほど下のベース・キャンプに居た久野英子隊長と田部井は「下りて」「下りません」と押し問答になる。

田部井は二日間を寝たきりで過ごし、体力回復に努めた。三日後、久野隊長がこの第二キャンプへ現れ、頂上アタックは「田部井と隊員・シェルパ各一人の三人で」と決まる。三人は一二日、出発。氷の急斜面はザイルを固定して登っていくが、予算が不十分で登攀《とうはん》具が不足し、その分苦労は増す。第四キャンプに着くと、先着のシェルパ六人が高山病でやられて登攀不能、と判る。

久野隊長からの無線指示で「アタックは田部井とシェルパの二人で」と決まる。田部井は七〇年に同じヒマラヤのアンナプルナⅢ峰（七五五五メートル）を登頂済み。高度が五〇〇〇メートルを超えると、酸素は平地の半分に減り、登山者は頭痛や吐き気に発熱・食欲消失などを来たしやすい。が、彼女は高山病に対し耐性が強い天与の体質に恵まれていた。

彼女はエベレスト登頂に備え、体力強化のため事前に周到な努力を重ねている。前年の七四年、自宅周辺での夜のランニングを開始。当初の四キロから八キロへ延ばし、終にはマラソン並みの一九キロを走り切れるだけのスタミナを蓄えていた。

一六日朝六時前、高度八五〇〇メートル超の前夜泊まった第六キャンプをシェルパと連れ立ち出立。酸素ボンベやカメラ二台に食料品など一八キロもの重い荷物を背に、深い雪の中をシェルパと交代でラッセルする苦行を重ね、三時間半をかけて高度八七〇〇メートルの南峰にようやくたどり着く。

一〇時過ぎ、最後の難関・ナイフエッジへ。南峰から一度下りになる岩場で、岩壁が右は中国側、左はネパール側へと鋭く切れ落ちる。横ばいで下るが、胸元のエッジを両手で掴み、バランスを取るのが精一杯。頭がある中国側は一気に五～六千メートルも切れ落ち中間に雲がぷかぷか浮かび、胸から下のネパール側は第二キャンプのテントが豆粒ほどに見える。シェルパか自分か、片方が滑落しても相方は手の出しようがない。このウルトラ難所は延々四〇メートルも続いたというから、ゾッとする。

——髪の毛が逆立ち、頭の芯がむずむずする物凄《すご》い高度感。気が狂いそうなほど緊張しました。

その先の岩場でも曲芸まがいの際どい活動を強いられ、一二時半にようやく頂上到着。高度八八四八メートルの世界最高地点だ。これまでに登頂を果たした世界の三六人（うち日本人は六人）を想起し、「改めて凄いひとたちだ」と感じ入り、「もう登らなくてもいいのだ。これが何より嬉しかった」。

女性登山家ナンバーワン

日の丸とネパールの国旗を雪上に立て、下山にかかる。あたかも国際婦人年とあって、田部井はたちまち時の人と化す。カトマンズやニューデリーでは大々的な記者会見がセットされ、ネパール国王やガンジー首相から招待される。日本に帰国後は、皇居へ招かれて天皇・皇后両陛下と謁見。首相官邸で総理らとの昼食会や、各界有名人らとの対談などが次々と企画され、一躍もてもてに。

田部井さんは同じく登山家だった夫との仲も睦まじく、二児をちゃんと育て上げ、家庭人としても敬服に値する人だった。当時四〇代半ばの彼女を私が取材したのは、今から遥か昔の八四（昭和五九）年のこと。横顔紹介を兼ね、当時の記事（四月一九日付け夕刊）を引くと、

――一五四センチ、四三キロと体は小柄だが、負けん気の強さは並外れている。エベレストでは、途中でキャンプ中に雪崩に遭い、一時気を失うほどのけがを負う。が、屈せず、回復を

待ち一一日後、みごと登頂。「登山は精神力六割、体力四割。力やスピードでは男性にかなわなくても、粘り強さや執着心では負けませんから」。

福島県の三春町生まれ。一〇歳の夏、隣の栃木県那須の二千メートル弱の山に初めて登る。郷里の緑の山々にはないゴツゴツした岩肌が新鮮だった。「その驚きが尾を引き、未知の眺めと出合いたい一心で山へ出かけていくんです」。昭和女子大を出て就職後、谷川岳など国内の冬山に次々と挑み、エベレストを筆頭に四千メートル以上の世界の巨峰をこの一五年間に八つも征服、女性登山家ナンバーワンの座に。

女性ばかりの登山隊を率い、ずっと無事故。昨年夏、秘境ブータンの七千メートル峰に挑んだが、資材不足で無理とわかると、すぐ目標を切り替え、別の五千メートル峰登頂で済ます。「現場での判断が一番大切。たかが山登り、という気持ちを腹に、無理押しは絶対にしません」。やはり登山家の夫に、長女（一一）長男（五つ）。やりくり上手の主婦の腕もある。——

妙な力みや気取りがなく、一見どこにでも居そうな、ごく普通のおばさんに映った。が、ふとした動作がしなやかで、物言いに恥じらいが含まれ、会話の進め方に気配りがある。お琴の名手で、家で教えてもいた。幼子を抱えての山行きに登山家の夫の理解はもとより、前橋市に暮らすお姑さんからも積極的な援助があった。日ごろからの睦まじさ抜きには考えられない。

ごく普通の一主婦に輝かしい社会的栄誉をもたらした陰の功労者は、夫の政伸さんだ。共に二〇代の社会人だったころ、先ず谷川岳で、翌週は尾瀬で、翌々週は八ヶ岳でばったり出会う偶然が重なる。住まいが近かったこともあり、交際が始まる。齢は政伸さんが二つ下で、学歴は高卒。見合いが主流だった当時でもあり、彼女の方の母親は当初は不賛成だったらしい。

が、この取り合わせは大当たりだった。夫はいつも「家のことは心配ないから」と妻の山行きを温かくサポートし、留守宅をちゃんと守り通す。その思いやりは、高校生のころ難病を患い辛い闘病生活を送った自身の体験と無縁でなさそうだ。彼女は著書の「あとがき」に「（いろんな苦労を）いつも笑い飛ばしてくれた夫政伸に心からの感謝を捧げたい」と記している。

半面、家に居る時の彼女は良妻賢母よろしく、手料理がご自慢。著書『山の頂の向こうに』（佼成出版）には「私の手料理」として、「ボルシチ」「鶏肉の煮つけ」「ザク煮（会津地方の郷土料理）」などのレシピが記してある。どれも手早く作れ、煮込んでいる間に他の仕事ができる定番だ、とか。二児の弁当のおかずもほとんど手作りだったといい、主婦の鑑と持ち上げても良さそうだ。

環境保護を訴える

田部井さんの世界的な規模での山岳最高峰挑戦は以後もずっと続く。前述した七五年のアジア大陸・エベレスト登頂を手始めに、九二（平成四）年までに世界七大陸の最高峰登頂という女性では世界初の偉業を成し遂げている。いわく、アフリカ（タンザニア）・キリマンジャロ（五八九五メートル）▽南米（アルゼンチン）・アコンガグア（六九六〇メートル）▽北米（アメリカ）・マッキンリー（六一九四メートル）▽欧州（ロシア）・エルブルース東峰（五六二一メートル）▽南極・ビンソンマシフ（四八九七メートル）▽オセアニア（ニューギニア）カルステンツ・ピラミッド（四八八四メートル）。

登山によるこうした数々の功労により、彼女はネパール王国最高勲章をはじめ、内閣総理大臣賞や文部省スポーツ功労賞・日本スポーツ賞など数々の栄誉を受ける。九〇年代以降、事業力ある女性登山家としての才能を新たに発揮する。高度経済成長を経て、経済的な余裕がある日本の中高年層は続々ネパールや中国の山々を訪れ、その結果として招いた山岳汚染が問題化していた。

九一（平成三）年、世界初のエベレスト登頂者として名高いイギリスの登山家ヒラリー卿らと組み、山岳環境保護を訴える国際会議を東京で催す。九五年にはエベレスト登頂を果たした世界の女性登山家たちと東京で「ウイメンズ・サミット」を開く。九七年夏、ネパールやブータン・モンゴルなど一一ヵ国の高校生たちを招き、日本の自然保護運動発祥の地・尾瀬でイベント「環境体験登山」を試みる。ゲストとして参加したヒラリー卿は、こう訴えた。「環境保護は政治家や官僚には任せておけない。破滅に向かっている地球を救えるのは、若い皆さんたちの正しい決断力だけだ」。

還暦を過ぎてからも、田部井さんは並外れて精力的な登山活動を続ける。一年のほぼ三分の一は海外、そして五〇日以上は日本の山へ出かけた。二〇〇七（平成一九）年までに、国連加盟の一九二ヵ国のうち五四ヵ国の最高峰を登頂。こうした豊富な登山体験を基に、盛んな執筆活動もおこなう。『山を楽しむ』（岩波新書）『人生、山あり時々谷あり』（潮出版社）『山からの贈り物』（角川学芸出版）など著作は十指に余る。人柄を映し、いずれも内容は平明ながら滋味《じみ》に富む。

〇七（平成一九）年、早期乳癌が見つかり、手術を受ける。一二年にも癌性腹膜炎を発症し、「余命三ヵ月」と診断されるが、抗癌剤投与を受けて闘病。通院しながら、彼女は毎週のように登山し、「山での遭難に比べたら、癌の方が恵まれている」と口にした。亡くなる三ヵ月足らず前の一六年七月下旬には、東日本大震災被災者の支援活動として東北地方の高校生らと富士登山（七合目で断念）に参加。これが生涯最後の登山となり、女性登山家として稀にみる輝かしい一生を全うする。

〈『大法輪』二〇一八年一〇月号〉

第13章 卓球

荻村伊智朗さん

「国際平和に少しでも尽くせれば光栄」

おぎむら・いちろう（一九三二〜一九九四）

現役当時は卓球の世界チャンピオンに度々輝き、先の大戦敗戦で打ち沈む日本社会に光明をもたらした。引退後はスポーツの指導者として平和外交の推進に尽くす。なかんずく、「米中ピンポン外交」〜「米中正常化」に尽力した陰の功労者で、ノーベル平和賞ものと言っていい。

一〇円募金への感謝

私は朝日新聞記者当時の一九九三（平成五）年に氏を取材し、次のような記事（一〇月二四日付け：要旨）を記している。

――スポーツ界有数の国際派として知られる。国際卓球連盟会長は現在三期目で、外国産スポーツの国際競技連盟のトップを極めたのは日本人初の栄誉。昨年は世界卓球選手権大会で史

「国際卓球連盟会長」当時の荻村伊智朗さん（1992年4月17日撮影、朝日新聞社提供）

上初めて、韓国と朝鮮民主主義人民共和国（北朝鮮）の統一チームの参加を実現させた。七一年の世界選手権では中国の国際舞台復帰に尽力し、米中国交回復のきっかけをつくった。中年以上のスポーツ・ファンには「世界チャンピオンの荻村」として忘れられない名前でもある。

「私自身の国際舞台は、初出場で優勝した五四年の英国での世界選手権が最初。戦争の記憶が尾を引き対日感情が悪く、ひどい嫌がらせを受けた。スマッシュをしようとすると観客が号砲用のピストルをドンとぶっ放す。でも、めげずに勝ち抜いて優勝したら、万雷の拍手。翌々年に行ったら、もうファンになっていて、ひいきしてくれる。この体験は私の人生のために本当によかった」

「世界中には今でも何億という人々が日本人に悪感情を抱いている。金にものをいわせて現地の人々の心を踏みにじったりしてるから。早い話、国際連盟の会長が日本人では恥ずかしいという意識です。幸い、卓球にはモンタギュー初代会長以来、世界平和に貢献しようという伝統がある。スポーツを通じて国際平和に少しでも尽くせれば光栄という気持ちです」

都立西高から日大芸術学部卒。高校当時から卓球を始め、強くなるために独特の工夫をこらしたハードトレーニングを己に課した。その甲斐があり、日大時代の五三年に全日本硬式選手権優勝。「で、世界選手権出場となったが、協会に金がなく出場費用八〇万円は自弁。うちは母子家庭でそんな大金はない。さあ、という時、通ってた吉祥寺の卓球クラブの面々が三鷹や吉祥寺などの駅前で一〇円募金を始めてくれ、費用のめどがついた。そんな支えがあってこその初出場、優勝でした」。

地域とのつながりを大切にし、今でも週二回は三鷹の卓球クラブなどに姿を見せ、プレーする。想像以上にたくましい体格と豊かな話の内容にただただ圧倒された。――

ロンドン大会への出場費用の工面話が感動的だ。当時の八〇万円は今なら一千万円以上に相当するだろう。浅草の貿易会社で働く母・美知枝は「八万円でも到底無理」と顔を曇らせた、という。家族同然に親しかった吉祥寺の卓球場経営者・上原久枝さんが一〇円募金の音頭を取り、地元の有力者らに働きかけて後援会が発足。寄付金が二〇万円を超え、日大関係筋からも三〇万円が寄せられ、駅前のカンパ活動にも弾みが付いた。

一九五四年ロンドン大会での活躍

卓球は三メートルほどの距離で双方が打ち合い、強いスマッシュの打球だと〇・二五～〇・三五秒で飛んで来る。体の反応には〇・四五秒ほどを要し、打球の方向や回転を予め予測していないと対応できない。卓球選手は究極の反射神経と瞬発力を要求され、勝負を左右するのは先の先そのまた先の展開を読む心理戦と言っていい。「卓球とは、百メートル競走をしながら、ブリッジ（トランプ競技の一種）をするようなもの」「大変な身体的能力と同時進行形で最高の知的能力を要求されるスポーツ」と荻村（敬称略）は言う。

基礎体力を付けようと井の頭公園で一〇キロほど走ったり、足腰のバネを鍛えるため四〇キロのバーベルを担いだままウサギ跳びを一キロ以上も試みたりした。独特の練習法として、卓球台の隅に万年筆のキャップを置き、バックハンドからの長いサーブでキャップを打ち払う練習を度々重ねる。初めは全くダメだったが、段々に一〇回に一回〜五回に一回〜十発十中と進歩していき、彼特有の強力な武器となっていく。

五三（昭和二八）年に日大卓球部を大学選手権優勝へ導き、全日本硬式選手権の個人戦でも優勝し、次期世界選手権の代表メンバーに。日大在学中と社会人になって以降との延べ八年間で、世界選手権大会で金メダルを都合一二個も獲得し、各種国際トーナメントでの優勝は百回を超える。とりわけ五四年のロンドン大会では、男子シングルスと同ダブルスに同団体と金メダルを三個も獲得。優勝の立役者・荻村は、太平洋戦争に敗れて打ち沈む日本社会に世界的快挙をもたらした輝かしい存在として、水泳の古橋広之進、ノーベル賞の湯川秀樹と並ぶ国民的ヒーローと一躍化す。

前記した通り、このロンドン大会で彼は英国人一般の日本人に対する先の大戦がらみの反感の根強さを思い知らされる。が、めげずに勝ち進んで世界王者の座に就いたとたん、ムードは一変する。英国の新聞『ザ・タイムズ』は「強い者は強い。日本選手は打法も素晴らしく、若いが上手だ。無用な揚げ足取りは慎もう」と呼びかけた。荻村は言う。

――スポーツ外交すなわち民間外交の果たす役割の大きさを身に沁みて感じた。卓球を続けることに、もう一つの生き甲斐を覚えるようになった。

この後、六一（昭和三六）年の世界選手権・北京大会を機に、卓球界は中国の時代に移る。が、彼は大会後の記者会見で、中国チームのマナーの悪さ（試合途中に勝手にプレーを中断、ベンチに返ってコーチと相談したりする行為）を指摘。「世界チャンピオンとしての自覚を持ってほしい」と、持ち前の率直さであえて苦言を呈する。

翌年、彼は周恩来首相に直々招かれ、中国を訪問する。周は無類の卓球好きで知られ、内戦当時は延安の洞窟に卓球台を持ち込んで同好の毛沢東主席とラリーを交わした、と言われる。周は「中国は未だ貧しいが、卓球台位なら自給自足できる。あなたの経験と技を生かし、卓球の魅力を大衆に伝えてほしい」と口説く。快諾した荻村は以後度々訪中し、地方の農村部などを精力的に巡回、卓球の普及に協力した。

ピンポン外交の中心として

その中国では六五年、かの「文革」による社会的大混乱が生ずる。卓球界でも元世界チャンピオンが自殺に追い込まれたりし、世界大会にも欠席が続く異常事態に陥る。七一（昭和四六）年に日本で開く名古屋大会を前に、荻村は周恩来との個人的パイプを生かし、中国チームの大会復帰を秘かに働きかけようと決意する。

彼は日中文化交流協会の訪中代表団の一員として北京に乗り込み、「文革」後初めて周と再会する。「卓球というスポーツを通じて国際社会への扉を開くのが、中国にとって最良の方法。出場すれば、欧米など世界中の国々との交流回復が期待できる」と言葉を尽くして大会復帰を働きかけた。受け入れ側の日本では当時の日本卓球協会会長・後藤鉀二氏が中国招致を決断。アジア卓球連盟からの台湾追放という荒療治と引き換えに「中共」（当時の呼称）参加を実現する。

当の名古屋大会は、注目の中国チームが六年間のブランクを感じさせぬ活躍ぶりを見せる。男女とも団体決勝は日本対中国のカードとなり、男子は中国、女子は日本が優勝した。中国の復活劇は卓球関係者を驚嘆させるが、世界中をさらに驚かすニュースが生まれる。

中国と米国の男子選手同士のふとした接触、記念品の交換が始まりで、チームぐるみの友情が芽生える。米国の選手団は大会後、羽田～香港ルートで中国入りして歓待を受け、マスコミが世界中に大きく報道する。このピンポン外交はキッシンジャー大統領補佐官の訪中を誘発、中国の国連加盟、歴史的な米中国交正常化へと発展していく。周恩来は「小さな白球が地球を動かした」とコメントした。

荻村は七三年にＩＴＴＦ（国際卓球連盟）の理事に選出され、世界各地への卓球の普及活動に全力を注ぐ。八七年、ＩＴＴＦ会長選挙に中国などの理事らに推されて立候補。白人の二代目現職を六五票対三九票の大差で破り、第三代会長に就く。非欧米系の人間が国際組織のトップに就くのは当時珍しく、話題を呼んだ。

彼は母の美千枝さんの「将来は国際活動に尽くしてほしい」という意向を受け、高田馬場にある大学生向けの通訳養成学校へ中学生の頃に通学している。元外交官の講師から基礎をしっかり学び、英会話に堪能《たんのう》だった。おまけに生来雄弁で押しが強く、「日本人らしくない」という定評があった。

会長就任後、彼は九ヵ月の間にアジアや東アフリカ・中東・南アジアなど六〇ヵ国・地域の卓球協会を歴訪。ＩＴＴＦ会長としては初めてラテン・アメリカの国々も訪ねた。一年間で五百時間以上を海外への移動で過ごし、航空機内でも眠らずに仕事に没頭。小型のワープロを持参し、行く先々の卓球協会宛ての文書などを作成。ＩＴＴＦ関係者は二〜三時間の仮眠をとって仕事に奔走する姿に「まるでナポレオンのよう」と驚嘆した。彼の口癖はこうだった。

――歴史は守るもんじゃなく、作るもの。自分が地球の大統領になったつもりで、大きな視点から考えるんだ。

七年後の九四（平成六）年、肺癌のため六二歳で他界するが、彼の真価をよく知る人たちからは「ノーベル平和賞を取ってもおかしくない存在だった」と惜しむ声が上がった。たった一度の対面だったが、私は「ただならぬ人物」と強烈な印象を受けた。早過ぎる死去は残念でならない。健在なら、スポーツ外交を通じてまだまだ多くの業績を残していたに違いない。

〈『大法輪』二〇二〇年一月〉

第14章　大相撲

春日野清隆さん

「品格と風情のある力士を育てたい」

かすがの・きよたか（一九二五〜一九九〇）

戦後日本が高度成長を迎える直前、大相撲は「栃若時代」と呼ばれるブームに沸いた。技能賞九回という稀代の業師・栃錦は横綱まで張り、正攻法に切り替え変身し、優勝一〇回。引退後は「春日野」を名乗り、相撲協会理事長へ。両国国技館建設を成し遂げる名伯楽ぶりを示した。

大相撲の黄金期「栃若時代」

私が大相撲のテレビ中継に熱中し始めたのは一九五五（昭和三〇）年辺りからだ。当時は東京で学生生活を送っていたが、夕方になるとそわそわし、寄宿先の近くの中華料理店へ出かけ、ラーメンを一杯注文。テレビの画面にくぎ付けとなり、力士たちの激しい攻防に胸を躍らせた。

「日本相撲協会理事長」当時の春日野清隆さん（1985年11月撮影、朝日新聞社提供）

その頃の土俵の主役は、横綱に昇進したばかりの栃錦と関脇・若乃花だ。二人とも身長が一八〇センチ足らず、体重は一〇〇キロ少々の小兵。当時の角界は、横綱が千代の山・鏡里・吉葉山、そして大関や関脇では大内山・三根山といった巨漢力士が居並んでいた。が、小躯の栃・若両者はこれらの大男たちと互角に戦うどころか、翻弄《ほんろう》、なぎ倒したものだ。

栃錦は内掛けや二枚蹴りなどが得意で、「名人」「技の展覧会」と呼ばれ、技能賞をなんと五場所連続を含む九回も受賞。若乃花は強靭な足腰で呼び戻しなど大技を揮って「異能力士」の名があり、三賞を五回受け、平幕時に横綱を破る金星も五個得ている。その栃・若両者の直接対決は互いに秘術を尽くし合い、片時も目の離せぬ好勝負になり、相撲ファンの血を沸かせた。

この二人が存分に活躍する五〇年代が世に「栃若時代」と称えられ、戦後の大相撲の黄金期とされるのも納得がいく。

さて、「栃若」対決のピーク時からざっと三〇年後の八五（昭和六〇）年、朝日新聞記者だった私は元横綱・栃錦こと日本相撲協会理事長・春日野清隆氏をインタビューする機会に恵まれる。氏は取材に応ずる条件として、「（朝稽古最中の）午前六時ちょうどに部屋へ来るように」と告げた。さすがは角界のトップ、語気に有無を言わさぬ断固とした響きがあり、「はい」と承るほかない。

早春のころの当日、未だほの暗い朝五時に横浜・青葉区の自宅へ会社からハイヤーを回してもらい、高速道路を使い三〇分余りでJR両国駅前に到着。運転手さん共々立ち食い蕎麦で腹ごしらえし、両国国技館からほど近い春日野部屋を訪ねる。若い力士たちが汗まみれで激しいぶつかり稽古《けいこ》を交わす最中、力士人生や相撲道にまつわる含蓄のあるお話を二時間余り伺った。触りはこうだ。

――「角界は日本人だけの純血がいい」と説く親方衆もいるが、ワシはそうは思わん。来る者は拒まず、異色の血も交え切磋琢磨《せっさたくま》しつつ全体がレベルアップすれば、それでいい。

――今は家庭での食生活が成ってないから骨格が脆《もろ》く、新弟子がぶつかり稽古ですぐ骨折したりする。毎食に目刺し五匹を頭から食わす食事の改善だけで、二～三年はかかる。

――力士の丁髷《ちょんまげ》は武士と同じで、力持ちの紳士と言ってもいい。それなりの品格と風情を具える力士たちを育成していくのが私ら先輩の役目、と思う。

当時ちょうど落成したばかりの現在の両国国技館は工費一五〇億円を借金無しでまかない、その話題を呼んだ。詳しい経緯は後ほど記すが、その資金捻出の苦労話をあれこれ聞くうち、その出来物《できぶつ》ぶりに深く敬服する。その昔の名人横綱・栃錦は、今や名理事長・春日野へ見事に変身していた。

潔い引き際

栃錦（敬称略、本名・大塚清）は東京都江戸川区小岩の傘職人の次男に生まれた。子供の頃から体格が良く運動神経に優れ、スポーツは何でも得意で、学業成績も良かった。近所の人が紹介し、小学校を出た翌年の昭和一三（一九三八）年に春日野部屋へ入門する。本人いわく「当時、日の出の勢いで連勝記録を更新中の横綱・双葉山関に憧れた」。

部屋の師匠・春日野親方は力士時代は栃木山と名乗り、栃木県出身の第二七代横綱。一六九センチ、一〇一キロの小兵ながら、立ち合いの妙と筈押しの神技で鳴らし、大正期の名横綱と称えられる人だ。横綱在位一四場所で一一六勝八敗、勝率はなんと九割三分五厘というから、驚く。「普段は温厚そのもので争い事は好まず、心底敬える人だった」。

入門後まもなく親方の付き人となるが、酒豪の春日野は杯を傾けつつ相撲談義にふける。剛力の相手に褌《まわし》をつかまれたら、どう切るか。大きな者の懐に、どう入り込むか。四八手の中の難しそうな技を手取り足取りていねいに説く。酒の燗《かん》を付けながら、師匠の話にじっと耳を澄ます。「同じことを詳しく幾度も聞かされるから、いやでも頭に入る。後々の土俵人生に、うんと役立った」。

力士の関門の十両入りは戦争中。両国の国技館が軍用に接収され、後楽園球場で俄か造りの

〝青空本場所〟に。「敵機襲来の警報で、取り組みが二日も延びたのは忘れられない」。戦後も国技館は米軍に接収され、受難が続く。明治神宮や浜町公園で〝ジプシー興行〟を余儀なくされ、「吹き曝《さら》しだから、雨天中止。冬なんか寒かったなあ」。

土俵を変幻自在の技で盛り上げ、四七年六月場所に幕内入り。反り技などは栃錦が使うため四八手に入ったとさえ言われ、平幕、三役の四年間に技能賞を九回受け、協会から特別表彰を受ける。翌年九月場所に一四勝一敗で初優勝し大関昇進。二年後の五月場所と九月場所に共に一四勝一敗で連続優勝を決め、場所後に晴れて第四四代横綱に昇進する。

しかし、翌年五月場所で横綱昇進後初の優勝を果たした直後の巡業中に蓄膿症と慢性気管支炎で体調を崩し、続く九月場所は七日目から初土俵以来初の休場へ。次の優勝まで二年ほど低迷し、引退説まで飛び交う。が、休養と稽古不足で三〇キロほど増量した体を逆に生かす「押し」「寄り」の正攻法の相撲に切り替え、五九年三月場所で「奇跡」と言われた復活優勝を遂げる。同じ力士がこれほど取り口を変化させ、かつ成功した例は稀だろう。

――五体満足なんてなく、医者の言う通りやっていたら務まらない。（患部を）自転車のチューブでぐるぐる巻きにして、なんとか取ったこともある。

復活優勝以降は引退する六〇年三月場所までの七場所とも各一二勝を下回ることなく通算九五勝一〇敗、勝率九割五厘という驚異的な強さを発揮する。が、翌五月場所で初日から二連敗すると、「横綱が衰えてから辞めるのは芳しくない」という亡き師匠の言いつけを守り、即座に引退を表明。直前の場所では一四勝一敗、優勝次点の好成績を収めており、余力を保っての潔い引き際だった。

好敵手・若乃花とは五一年五月場所での初対決から常に熱戦・好勝負を重ね、千秋楽での両者優勝圏内の対決が五回（相星決戦が二回）もあった。六〇年三月場所までの四〇場所間で因縁の対戦は三四回実現し、栃錦の一九勝（うち不戦勝一）一五敗。「互いに負けてたまるかとライバル意識で切磋琢磨し合った。二人の相撲っぷりが時代の進運にぴったりしたんだろうな」。「栃若時代」が去った後に「柏鵬時代」が訪れる。軽量の業師同士の組み合わせから、大鵬・柏戸という巨漢同士の両横綱の時代へ。その移り変わりは「安保闘争」の激動する時世から「所得倍増」の高度経済成長時代へ移行するタイミングともぴったり重なる。「安保世代」に連なる私が「栃若時代」への思い入れが強いのも無理はない。

相撲は気持ちが七で、力は三

師父と仰ぐ親方と養子縁組を結んだ栃錦は引退後、次代の年寄・春日野として部屋の経営を受け継ぐ。相撲協会の運営にも関わり、弱冠四九歳で理事長の要職へ。就任当時は協会内部に派閥争いがあり、短命政権視する向きが強かった。が、派閥に捉われぬ公平な立場から若手のやる気のある親方を積極的に協会幹部に登用。角界の興隆発展に尽くし、七期一四年の長期政権を全うする。

業績の最たるものは、旧蔵前国技館の二倍の規模を持つ新しい両国国技館の借金なしでの建設だ。一五〇億円に上る建設資金を用意すべく、あの手この手を工夫する。建設用地に当て込んだのは、当時大赤字に悩む旧国鉄の所有地。相撲協会は蔵前に所有地があり、蔵前が両国より地価が高い時期を見計らい蔵前の土地を売って両国の土地を購入し、この差額で資金の一部を手に入れる。

協会の財政を考え、親方衆や力士たちの給与節減にも努めた。資金集めのため坪当たり二千五百円で債券を売り出し、親方らは身銭を切って購入した。「協会の主軸が戦後の苦境を乗り切った体験を共有するからこそ、やれた。伝統って有難いな、とつくづく思う」。

こんな逸話も。工事を引き受けた鹿島建設が当初出した建設費の見積もり額は一六一億五千万円。端数の一一億五千万円を値引きさせるべく、協会ナンバー2の二子山親方（元横綱・若乃花、春日野の後任の理事長）と二人で同社社長に会いに行く。「相撲取りは相手を負かすのが仕事。相撲では横綱に五人掛かりというのがあり、今日は社長に『栃若』二人掛かりで負かしに来ました」と機転のユーモアでくすぐり、思い通りの値引きにまんまと成功している。

春日野理事長が「土俵人生で一番の財産」と振り返るのは、初土俵を踏んだ三九（昭和一四）年一月場所の四日目の出来事。花道の奥でたたずむうち、世紀の大一番の劇的な一瞬を目の当たりにする。「不世出の名横綱」双葉山が前頭四枚目・安藝の海に外掛けで敗れて六九連勝で止まった瞬間である。

――思いもよらぬ伏兵の大金星に国技館が大混乱し、大歓声で沸いた。信じられん思いで、一瞬頭がボーっとした。双葉山関は土俵入りが神々しく、間近に仰ぐだけで胸がジーンとしたものだ。

双葉山は子供のころの事故で右目が半失明状態だった、という。「打倒双葉」を言い交す出羽一門は「右足を狙え」を合言葉に対策を研究。安藝の海は、双葉が右すくい投げに来るところを左外掛けで対抗し、双葉の体が先に落ちて劇的な結末を迎えた。私は栃・若とほぼ同時代に活躍した元関脇・出羽錦（引退後は年寄・田子ノ浦）にも当時の記憶を確かめている。彼は、こう言った。

――相撲は気持ちが七で、力は三。（相手に呑まれて）自分でダメだと思ったら、もうダメ。禅の修養から、双葉関は「オレは絶対負けないんだ」と思い込んだとたん、無敵の強さを発揮しだした。「心・技・体」の順序通りで、やっぱり「心」が一番肝心だな。

〈『大法輪』二〇一七年六月号〉

第15章　高校野球

木内幸男さん

「野放図なようで集中心が強い」

きうち・ゆきお（一九三一〜）

高校野球の監督一筋に半世紀余の実績がある。とりわけ取手二高当時は弱小の公立校チームで強豪校を倒すために、「木内マジック」と称えられるあの手この手を工夫。秘訣《ひけつ》の基は「伸び伸び野球」。選手みんなの個性をよく見極め、ここぞという場面での采配に十二分に生かした。

ＰＬ学園との死闘を制して

もう三六年も以前になる。一九八四（昭和五九）年一〇月二九日付け朝日新聞夕刊一面の連載企画「新人国記'84茨城県⑭」に、私はこう記した。

——この夏、甲子園をわかせ、県民を歓喜させた取手二高球児たちの全国制覇。その伸び伸

「取手二高野球部前監督」の木内幸男さん（1984年撮影、朝日新聞社提供）

び野球を演出した前監督木内幸男は土浦市生まれ。同校監督として苦節二八年、最後の夏を飾る劇的な栄光だった。決勝戦九回裏の窮地をしのいだ大胆的確な投手交代の采配は、「監督のプロ」の手練のほどを実証した。

現役当時の巨人・長島の大きな写真を自宅に飾り、「野放図なようで集中心が強いところは私も同じ」。土浦市の新設私立高、常総学院に三顧の礼で迎えられ、今秋から新監督に。「五年以内にまた甲子園へ行きます」――

実は、木内さんとは差しで二時間余もやりとりし、この分量の優に十倍は書ける中身の濃いお話を伺っている。ユーモアたっぷりで、こくがあり、当世の高校生論としても考えさせられる節が多々あった。企画上の制約に捉われず、なぜもっと突っ込んで書かなかったのか、と今更のように悔やまれる。この稿には、そんな次第で、いわば私の罪滅ぼしの念も込もっている。

まずは、補足説明から。「苦節二八年」「（監督）最後の夏」とおあつらえ向きにかなった取手二高の優勝は、誰もが「まさか」と思うほど予想外で劇的だった。決勝戦の相手は、後に共にプロ入りする全国屈指の好投手・桑田真澄と強打の四番打者・清原和博のＫＫコンビを擁する強豪私立のPL学園。取手二は公立校のハンデもあり、とても敵いそうにない、というのが事前の大方の感触だった。

だが、いざ試合が始まってみると、名門PLの都会ふうで緻密《ちみつ》な組織野球に対し、茨城の泥くさく野性的な球児たちは「のびのび野球」で善戦敢闘。なんと4対3と一点リードのまま、土壇場のPL九回裏の攻撃を迎える。

取手二のエース石田は硬くなって腕が縮んだか、PLの先頭打者にいきなり本塁打を見舞われ、あっという間に4対4の同点。動揺するまま、石田は次打者に死球をぶつけてしまう。(こりゃまずい)。テレビの実況中継を見守る私は十中八九PLのサヨナラ勝ちだろう、と踏んだ。ここで木内監督が放った手練の勝負手が後に「木内マジック」と称えられる奇策である。

うなだれる石田をライトへ下げ、控え投手の柏葉を急遽《きゅうきょ》リリーフに送る。その柏葉が一死をとると、一呼吸ついた石田を再びマウンドへ。気合のこもった投球で石田は四番・清原を三振に、五番・桑田を三塁ゴロに仕留め、同点のまま試合は延長戦へ。取手二は一〇回表に五番の捕手・中島の3ラン・ホーマーなどで8対4の劇的勝利を収め、甲子園球場をうずめた大観衆を沸かす。

急場での控え投手起用は、今で言うワンポイント・リリーフ。当時はプロ野球でも珍しく、ましてや高校野球では見られぬ変則的な采配だった。が、木内監督の脳裏には石田や柏葉の正念場での心理状態や力量発揮に対する的確な見極めがちゃんとあり、成算が十分あっての一手だったのだ。

「木内マジック」の手の内

木内さんの当時のお住まいは、取手市の市営住宅。３ＤＫほどの簡素な木造平屋建てで、玄関脇の板壁に現役時代の「ミスター巨人軍」長島茂雄選手の大きなポーズ写真が張ってあった。長島さんなら、前年に同じ企画の「新人国記・千葉県」編で取材、執筆したばかり。私が

――「明るくて楽天的、お人よしのおっちょこちょい」と自己分析し、「典型的千葉人」と自任。そそっかしくて、せっかくホームランを放ちながら、ベースを踏み忘れたり。ちょんぼをやっても、天真爛漫《らんまん》で憎めなかった。ここぞという場面では実に勝負強く、集中力は天下一品でしたね。

と言うと、木内さんは話せるやつだと直感したのか、実に愛嬌のある笑顔に。朴訥《ぼくとつ》とした茨城弁で、こっちが心配になるほど「木内マジック」の手の内をあけすけに明かしてくれた。

――試合で勝つにはチームプレーが肝心。ランナーが出たら、打者は鋭くゴロを転がすのが鉄則で、大振りして凡フライでは駄目。が、いつ頃からか、言う通りせん子に「こらぁ」と怒っても、一向に怖がらず、効き目がなくなった。何か手はないか、と頭をひねりました。で、一計を案じる。子供らは小遣い銭が減るのを何より嫌がる。監督の指示に違反したら罰金を取る仕組みとし、違反一回に付き罰金一〇円と取り決める。一回一〇〇円ではまずいが、

一〇円なら許容範囲ではと考えてのこと。たかが一〇円と言うなかれ、少年たちは懐が寒くなるのを案じる。目の色が変わり、口で言い聞かすより、よっぽど効きめがあった。

――練習も、単純な反復ばかりでは飽きがくる。控え選手を含め二手に分け、実戦形式の紅白試合を数多くやらす。試合の運び方を考えさすため、全員に順番で主将役をやらせ、打順の編成や投手交代なんかも一切任す。こっちはネット裏で腕組みしとればいいんだから気楽やし、あははは。

高校野球にありがちな、しごき抜く猛練習とは対極の行き方、とも言える。交代で主将役をやらせると、指揮ぶりから度胸の有無や勝負勘の良し悪しが知れる。ネット裏で観察を重ね、個々の性格の特徴を洗い出して全員の「査定表」をこしらえ、ここぞという場面での采配に存分に生かした。

試合形式の紅白戦もマンネリ化してはだめ。勝負に真剣になるよう、褒美と罰則を用意。前述のミス一回に付き一〇円の罰金が「ちりも積もれば山」、一シーズンにン千円位はたまる。勝った方は各人ジュース一本をもらって喉《のど》を潤し、負けた側は全員何キロかのランニングを課される決まりに。

自主性といえば、木内監督は選手たちの男女交際を公認。彼らは好きな女の子の名前をバットに記し、そのご利益もあってかヒットを連発したという伝説も生んだ。木内野球は管理野球の真逆を行く「のびのび野球」だったのは確かなようだ。

空前絶後の野球人生

野球人・木内の原点は、主将を務めた出身校・土浦一高三年当時のワン・プレーにある。夏の県大会決勝で水戸工と対戦。八回裏3対2とリードして迎えた先方の反攻、二死走者一・二塁で打者が放ったライナーは左中間へ。センター木内はダイビング・キャッチを試みるが間一髪捕球はならず打球は転々。塁上の走者二人が相次いで還り、スコアは逆転、土浦一は無念の逆転負けを喫する。

甲子園出場の栄光を寸前で逸した自責の念。木内さんは悔いに執着し、「甲子園出場」という夢の達成に己が人生を賭けようと決意する。翌春、慶応大学に合格し入学手続きを済ませながら通学はせず毎日、母校・土浦一のグラウンドへ。後輩たちを鍛えるべく、ボランティアのコーチ役を買って出る。木内さんの生家は祖父が下駄の製造販売で財を成し裕福だったから、気侭《きまま》が通った。

だが時代が変わり、下駄産業は衰退。無給では暮らせず、五七（昭和三二）年に取手二高の監督に。公立校で、しかも用務員扱い。月給は当初が四千円で、途中からずっと六万二千円の薄給だった。糟糠《そうこう》の妻・千代子さんは質屋通いや新聞配達をしたり、キリンビール取手工場へ働きに出て家計を支えた。が、暗い話を好まぬ木内さんは、からりと明るくこう笑い飛ばした。

――二〇何年も監督をやれば、野球部の教え子たちが取手の街中にわんさとおります。居酒屋で酒を飲んでも、八百屋や魚屋で買い物をしても、「(懐の怪しい) 監督から金取れるかい」

と全部ただ。そやから、（素寒貧でも）なんとかかんとか、やってこれたんですわい。

実は取手二高は戦前は女学校で戦後も女子校の雰囲気が残り、野球部の甲子園出場は遠い夢と思われた。木内さんを専任監督に迎えて以来十数年、長い弱小時代を耐え忍ぶ。とても勝てそうにない強豪校をなんとか倒せないものか。その一念が、独特の名采配「木内マジック」を生んでいく。

郷里の土浦に誕生、開校三年目の私立高・常総学院から三顧の礼で迎えられ、取手二の全国優勝を置き土産に八四年秋、同学院野球部新監督へ。金銭には恬淡《てんたん》としていて、自伝によると学校側の「契約金二百万円、月給三五万円」という条件を自身の申し出で「契約金百万円、月給二五万円」に下げてもらった、という。「最初から沢山もらわん方が気が楽で、伸び伸びやれるから」。

公約通り、就任三年目の八七年春の選抜で甲子園初出場を達成。同年夏の選手権大会で甲子園準優勝。以来、常総学院を甲子園常連の野球名門校として着実に定着させていく。七〇代を迎えた今世紀に入り、二〇〇一年の選抜では強豪校を相手に次々と接戦をものにし、決勝で仙台育英を七対六で降し初の全国優勝。〇三年夏の大会決勝では現在米大リーグで活躍中のダルビッシュ投手を擁する東北高と対戦。バントを使わない強攻策で打ち崩し四対二で快勝し、見事優勝している。

取手二高、常総学院と二〇代から八〇歳の高齢になるまで高校野球の監督一筋に五一年間、まさしく空前絶後の野球人生と言っていい。甲子園出場は春七回で優勝・準優勝が各一回、夏一五回で優勝二回・準優勝一回。

常総学院で教えを受けた仁志敏久氏（元巨人・現「侍ジャパン」コーチ）は言う。

――言動の一つ一つにちゃんと理由があった。選手自身がしっかりと自分の意見を持つ、そんな自主性のある野球を教えてもらった。黙ってついて来い式で選手を型にはめがちな日本の高校野球界では珍しいタイプの指導者です。

〈『大法輪』二〇一七年二月号〉

第16章　プロ野球

長嶋茂雄さん

「教科書的な野球は一〇〇%嫌い」

ながしま・しげお（一九三六〜）

「ミスタープロ野球」として天下に名高いお人だ。へそ曲がりの私はアンチ巨人でずっと通してきたが、長嶋さんだけは別格。天真爛漫な性格と破格の勝負強さ。何より、あの目つきと笑顔がいい。「信頼するに足る」「愛すべき」人間の証、とご本人が言うから、間違いない。

愛される天才野球人

二〇〇二年のアテネ五輪へ野球の「全日本」監督として出場直前に脳梗塞でダウン。体が不自由になるが、超人的なリハビリに努め、社会復帰を図る。その姿は多くの人々に勇気と共感をもたらしたはずだ。私は随分昔の一九八三（昭和五八）年、彼と差しで対話している。当時の朝日新聞紙面（九月二六日付け夕刊）から概要を引くと、

長嶋茂雄さん（1983年撮影、朝日新聞社提供）

――現存の千葉県人で世間に一番売れている顔と言えば、さしずめプロ野球巨人軍の前監督長嶋茂雄だろう。本人自ら、けろりとした顔で言い放った。「佐倉惣五郎の後は、長嶋茂雄でしょう。人物の出ない土地ですから」。この人ならではの天真らんまんぶりに、つい声を立てて笑ってしまった。自ら「典型的千葉人」と認め、「明るくて楽天的、お人よしのおっちょこちょい」とサービス精神満点の補足もした。――

長嶋さんの「天然ぶり」は世に有名だが、私が噴き出すと釣られて自分も嬉しそうに笑い、和気藹《あい》々のムードに。ちょうど戦時中に当たる少年時代を回想し、自宅裏手に広がる印旛沼の存在を強調。ザリガニ採りやフナ釣り、兵隊ごっこに水泳……、楽しかった日々を説き、こう言った。

――荒馬みたいに跳ね回る野生児そのままの毎日でした。僕の土台は田舎の環境。野球は激しい格闘技だし、都会で生まれていたら、僕の人生は変わっていたかも。

立教大では通算八本の六大学リーグ本塁打新記録をマークし、プロ入り後は天覧試合の檜舞台で劇的なサヨナラ・ホーマーを放ち、ＭＶＰ五回・首位打者六回・打点王五回。天才野球人・長嶋の本領は、ここ一番の正念場に見せる類稀な勝負強さだった。その動物的なカンの冴えは、印旛沼の申し子とも言うべき野生児暮らしの佐倉の日々に源がある。

スター長嶋は、派手なトンネルや空振りでさえ絵になり、キラキラまばゆく光った。生来のそそっかしさから、せっかく本塁打を放ちながら一塁ベースを踏み忘れたり、勢いの余り前の走者をつい追い越してアウトという大チョンボさえやらかした。ファンの目には、それがまた天才の人間的弱点と映り、一段と親しみを増す作用をした。

栄光の選手時代に比べ、監督（とりわけ七五〜八〇年の第一期）長嶋のイメージはいささか精彩を欠く。独特のひらめきに頼る「意外性野球」は、前任の川上（哲治）的「管理野球」全盛の中で新鮮味があったが、セオリー軽視のバクチが外れた時の痛手も小さくはなかった。

だが、「意外性」は「可能性」をはらむ。一二年もの空白期間をはさんで、再び栄光の「巨人」監督に返り咲き、それなりの成果を挙げている。私がインタビューしたのは第一期の監督を辞任して三年後のことだが、「選手と監督はどっちが大変でしたか?」と尋ねたら、

――そりゃあ、選手ですよ。監督は選手にただやらしとけばいいんだから。

と即答があり、いささか首をかしげたくなったのをはっきり記憶している。

しかし、近年のテレビ番組で同様の質問を受けた長嶋さんは「それは監督です」と明言していた。近著には「試合中の指揮は氷山の一角のようなもの。監督業の大変さは水面下に隠れた大きな部分にこそある」という記述もある。一二年の空白期間は無駄ではなかったな、と得心

がいった。

徹底したプラス思考

長嶋（敬称略）は千葉県印旛郡臼井町（現佐倉市）の農家に生まれた。小学校当時は体が小さく、あだ名は「チビ」。が、運動神経抜群で、運動会ではいつも一等賞をさらう。六つ年上の兄の影響で野球を始め、中学では「一番・ショート」。佐倉一高に進んだころから体がめきめき大きくなり、三年夏の南関東大会の試合で中堅越え一三〇メートルの超特大本塁打を放ち、一躍注目される。

立教大へ進学し、スパルタ練習で鳴る砂押監督と出会う。普通の二倍も重いマスコット・バットを千回も振るノルマを課され、掌《てのひら》の血豆がつぶれ軍手は血だらけに。夜間は石灰を塗った球で月夜の猛ノックを浴び、守備力も徹底的に鍛えられる。

砂押はアメリカ大リーグ野球の信奉者で、名門ヤンキースの至宝ジョー・ディマジオの打撃フォームの連続写真を手本に示し、球をできるだけ引き付け腰の回転でフル・スイングするよう説いた。バットを振り終えた後のフォロースルーなどは、確かに長嶋はディマジオそっくりに映る。

立大を出て、プロ野球「巨人」へ。五八（昭和三三）年春、対国鉄戦に「三番・サード」でデビュー。相手のエース金田投手の快速球に渾身《こんしん》のフルスイングで立ち向かうが、きりきり舞

いし連続4三振。当夜、悔しさと惨めさで悶々として寝付けず、

――プロでも楽にやれるという気分が一遍に吹き飛び、非常にいい体験になった。

と言う。だが、プロの水になじむにつれて順調に打ち出し、公式戦全イニングに出場。二九本塁打・九二打点で二冠に輝き、新人王・ベストナインに選ばれる。翌年六月、選手生活最大のハイライト（天皇陛下観戦の）「天覧試合」対阪神戦での劇的なサヨナラ本塁打も放っている。

私生活では東京五輪開幕の六四年、五輪コンパニオンの西村亜希子さんと結婚。二年後、長男・一茂（後にプロ野球選手、現在は個性的な人気タレント）が誕生するが、ほどなく珍事が起きる。幼稚園児の一茂を長嶋が後楽園球場へ連れて行くが、試合後それをすっかり失念。独りで帰宅して亜希子夫人にとがめられ、大あわてでした。取材の折、この件を私が持ち出すと、苦笑しながら彼は言った。

――試合で打てないと、なぜだろうと考え込み、頭がそれで一杯になる。家で素振りを試みて原因を確かめねば、と気が急く。その余り、他のことは一切忘れてしまうんです。

なるほど、と合点がいった。一点への精神集中が強過ぎる余り、その付けが回って他事がおろそかになる。私なども似た性向があり、同病相哀れむ思いがしないでもなかった。

就寝前に自宅地下室で行うバットの素振りは、彼にとって試合前夜に欠かせぬ儀式と言ってもいい。徹底したプラス思考の持ち主だから、「九回裏二死満塁、バッター長嶋。カウントはツー・スリー、一打出れば逆転」と最高の場面を頭に浮かべる。バットが空気を切り裂く音が

鋭くビュンと満足に響けば必ずヒットが出る、と得心できた。彼は著書にこう記している。

――七～八種類もある相手投手の投球を瞬時にきちっと捉えるコツは、心の在り様にかかる。無垢《むく》な気持ち、純真さに勝るものはなく、言うならば自分自身に対する責任感です。

常人離れした積極性も持ち味だった。ストライク・ゾーンから少々高めに外れるボール球でも、打てると思えば構わず打ちにいった。相手の捕手が立ち上がって敬遠しようとした球を「大根切り」打法でホームランにしたことも度々ある。

三五歳で迎えた七一（昭和四六）年、彼は打率三割二分で日本新記録の六度目となる首位打者と五度目のシーズンＭＶＰを獲得する。が、七四年のシーズンには力の衰えを自覚。「巨人軍は永久に不滅です」という名文句を残し、引退。コーチ業を経ずに、いきなり自軍の新監督に就任する。

客をないがしろにする野球はやらない

その七五年、「長嶋巨人」は球団創設以来初の最下位に沈む。川上前監督流の「確率野球」を捨て「クリーン野球」を目指すが、Ｖ９メンバーの高齢化やコーチ陣の不整備などが祟った。翌年は選手をトレードで補強し、一躍優勝へ。前年最下位からの優勝は史上初の快挙。翌七七年も連覇するが、日本シリーズで前年同様パ・リーグ覇者の阪急に敗れる。七八年は二位、七九年は五位。「長嶋采配」への批判が高まり、親会社『読売新聞』の務台社長の決断で監督解任が決まる。

フリーになった充電期間、彼は社会主義国キューバの野性的なプレーや、大リーグのワールド・シリーズなどを視察。度々の五輪大会や世界陸上なども熱心に取材・見学する。この間、数々の他球団から度々監督就任を打診されるが、巨人への思いが強かったのか全て断っている。

九二年秋、『読売新聞』社長・渡辺恒雄から直々に要請され、一二年ぶりに「巨人」監督へ復帰する。初年の九三年は三位、翌年にリーグ優勝し、日本シリーズでパ・リーグ覇者の西武を破り、監督として初の日本一に輝く。

この年のリーグ制覇は、最終一三〇試合目に優勝がかかる中日との史上初の同率決戦で劇的に決まった。「巨人キラー」の中日先発・今中に備え、長嶋は唯一攻略した試合のビデオ録画を繰り返し選手たちに見せ、「オレたちは勝つ！」と連呼させた。長い浪人生活中にスポーツ心理学とりわけイメージ・トレーニングの重要性に気付いたため、という。

翌々九六年、巨人は七月には首位・広島に最大一一・五ゲーム差をつけられ、最下位に。が、直後の対広島戦で二回二死走者なしから九者連続安打で一挙七点を奪って勝ったのを機に快進撃が始まり、奇跡の逆転優勝。長嶋の造語「メークドラマ」はこの年の流行語大賞に選ばれた。

「長嶋巨人」は二〇〇〇年にもリーグ優勝を飾り、日本シリーズではかつての盟友・王監督率いるダイエーを破り、二度目の日本一に輝く。九年間にわたる二期目の監督生活は、リーグ優勝三度で日本一が二度。采配ぶりはまずまず合格ライン、といったところか。

数々の「長嶋語録」の中で、私の胸に最も強く響いたのは、――教科書的な野球は百％嫌い。勝つことに徹して客を白けさせる位なら、客を喜ばせて負けた方がよいと思う。客をないがしろにする野球はやりたくないから。

生来へそ曲がりの私は「巨人（最近はソフトバンクも）・大鵬（いま白鵬）・卵焼き（アベ自民党）」が大嫌い。が、元巨人軍でも長嶋さんだけは別格。人柄に格別の面白味があり、「よい目は信頼に足る男の証明で、よい笑顔は愛すべき人間である証拠」（自著での彼の記述）を地で行っている、と感じるからだ。

〈『大法輪』二〇一八年四月〉

第17章 前衛舞踊

長嶺ヤス子さん

「私には神がかりな何かがあるの」

ながみね・やすこ（一九三六〜）

なんとも不可思議な女性だ。会津地方の山中で長年にわたり百匹以上ものネコを飼い続け、前衛舞踊の公演は都内で年に二度ほど。八〇代半ばの今なお現役というのも凄いが、生計をどうやって立てているのか首をひねる。もう神がかりとしか、言いようがない。

激しいもの、きらびやかなものが好き

真に心打たれる光景だった。室内に同居する三匹のワンちゃんと二一匹ものネコたちが主の身ごなし一つで、即座にシーンと静まり返る。直前まで、ワンワン、ニャーニャー、狂騒の極みだったのに。東京・港区内の賃借マンションに、前衛舞踊家・長嶺ヤス子さんを取材で訪ねた折の新鮮な驚きは、未だに忘れられない。

捨て犬や猫と暮らす長嶺ヤス子さん（1989 年 10 月 1 日撮影、東京都品川区で。朝日新聞社提供）

彼女の佇《たたず》まいには不思議な気品が漂い、動物たちの反応はオーケストラの指揮者のタクトに従う楽団員を連想させた。たくさんのネコたちの大半は捨てネコ。公演にそなえ体をしぼるため夜の街へランニングに出、捨てられた子ネコたちが哀れに鳴くのを見るとたまらず、つい拾ってきてしまうのだ、という。芸術至上主義がたたって生活は年中火の車、三度の食事さえどうかするとままならぬ中でのこと。殉教者さながらの奇矯な振る舞い、とさえ映った。

彼女の横顔を手っ取り早く紹介するため、私の記した一九八四（昭和五九）年当時の朝日新聞の関係記事（四月一六日付け夕刊：要旨）を紹介する。

——身の毛がよだつような舞台の迫力そのまま、舞踊家長嶺ヤス子の妥協のない人生は、一種の痛ましささえ感じさせる。長唄の生演奏とスペイン舞踊を組み合わせた『娘道成寺』は四年前、芸術祭大賞。舞踊を生活の糧にしたくない、と公演は年に数えるほど。『娘道成寺』のニューヨーク公演は一昨年、大成功を収めながら、制作費自己負担がたたり、三千万円近い赤字。一時は毎日の食事代にも事欠くほどで、名声とは裏腹に生活は火の車だ。

会津若松市に生まれた。小学校のころは戦時中で灰色の時代。会津藩士の娘だった祖母のしつけが厳しく、女の子らしいおしゃれができず、地味に地味にと育てられる。その反動で、「真っ赤な色とか太陽、燃える火……、激しいもの、きらびやかなものが好きになったの」。雪国の長い冬、こたつで絵本に見入り、真っ赤なドレスのカルメン人形に心を奪われる。

そのときめきが後年、物語の舞台・スペインへの関心をかきたて、フラメンコ舞踊への道を開く。高校時代から習い始め、青山学院大を中退、二四歳でスペインへ。足のツメが全部はがれ落ちるほど猛レッスンを重ね、スペイン随一のクラブにデビュー。異邦人ゆえの差別にめげず、「ジプシーよりもジプシーらしい踊り手」として声価を不動にする。

「スペインの鷹」と異名をとるフラメンコの大スター、ホセ・ミゲルとの愛と別離。音楽や踊りを介して生まれた多くの愛の遍歴。その激情が『サロメ』や『娘道成寺』の迫真の舞台を生む。二〇代のスタミナを保つため、般若のような形相で毎晩マラソンを続け、体をしぼりぬく。家族も財産も将来のあてもない独りぼっちの暮らしだが、「私には神がかりな何かがあるの」。一種の殉教を思わせる生き方は、転向を拒否した白虎隊の殉難に示される郷里・会津の血への連想を誘う。――

忘れがたい告白

この記事が載った直後の同じ八四年、彼女は創作舞踊『曼荼羅《まんだら》』のニューヨーク公演という野心的な試みを実現する。「お経の美しさ・素晴らしさを向こうの人々にぜひとも伝えたい」と一念発起。持ち前の熱情と行動力により、無謀とも思われた企画を見事成功させた。

真言宗豊山派の僧侶六五人が同行。彼らが唱える大地を揺るがすばかりの大迫力の声明《しょうみょう》すなわち僧たちの声楽合唱を背に、彼女は煩悩と悟りの狭間で葛藤、仏心に目覚めていく一人の悪女の姿を迫真的に演じ切る。会場のカーネギーホールは興奮のるつぼと化し、切符はダフ屋が出て跳ね上がり、全米のニュースとなって大きく報道された。

僧侶の世界には戒律が多々あり、当初は色っぽい舞踊との共演などとんでもない、と反発が強かった。が、「意志あるところ道あり」。つてをたどり、当時の豊山派トップの管長や大僧正らと単身会見。熱意と誠意を込めて公演の意義を諄々と説き、終には同意をかち得る。彼女はつぶやく。

――踊りは命のエネルギーの表れ、生きてる証なの。お経は人間の心の中の祈りをストレートに声に発したもので、人の命そのもの。そう考え合わせ、大勢のお坊さんたちが読み上げるお経の中でぜひ踊ってみたい、と強く念じたの。

が、いざお経を踊りの伴奏にしようとして、その独特なリズムや緻密な構成を頭に入れるのに苦しむ。録音テープを千回ほども繰り返し聴き、お経づけに。ようやく独特のリズムと構成を体得することができ、初めて踊り手としてお経を完全に身に着けることができた、という。

私は彼女から、忘れがたい告白を聞いている。八〇（昭和五五）年二月の深夜、車を運転中に原宿の街頭で急に飛び出してきた野良猫をはねてしまう。一瞬、置き去りにしようかと迷うが、いやダメと車を止めて介抱。瀕死《ひんし》の重傷と知るが、真夜中に獣医さんを煩わすのもとまた置き去りを思い迷う。

が、立ち去ろうとする瞬間、ブチの大猫は瀕死の息の中、無心の瞳でじっと自分を見つめている。はっとし、ブチを抱き知り合いの獣医さんの許へ。手当てをしてもらうが甲斐なく、じきに息を引き取ってしまう。このてんまつに気がとがめ、遺骸《いがい》は深大寺のお寺の境内に埋葬してもらった。

以来、ブチは仏様のお使いだったのかも、と思い煩う。近所に捨てられていた子猫、安楽死寸前だった子、夜のランニング中に出遇った野良……。内心、困った、困った、と思いながら、拾い猫が八匹にまで増えた時、はっと思い至る。（すべては縁、仏様が私に与えて下さってるのだ）と考え、（これはもう自分の運命、みんな残らず拾って面倒を見ていこう）と固く決意する。

進化し続ける究極のエイジレス

長嶺さんが都内の賃借マンションを引き払い、生まれ故郷の会津若松市にほど近い猪苗代の山中に移り住んで三〇年ほどたつ。たくさんのネコやイヌたちと一緒に暮らすためのやむを得ぬ選択だった。著書『いつもゼロからの旅立ち』（平成一八年、グラフ社）によると、「常時ネコ百数十匹、イヌ数匹が十部屋ある屋内で一緒に暮らし、食事代や二人のお手伝いさんの人件費に暖房費・動物たちの非常時の医療費などで毎月百万円ほどの経費がかかる」とか。

年に僅かな舞台公演は制作費がかさんでおおむね赤字で、生活は相変わらず火の車だ。が、予期せぬ収入がピンチを救ってくれる。彼女がネコやイヌたちを題材にして描く油彩画がファンの間で思わぬ人気を呼び、かなりの高値で売れるようになったのだ。年に一回都内で開かれる個展はマスコミの注目を浴び、「おどろいたニャン！　猫の恩返し」と書き立てられる。

絵を描くのは幼いころから好きだった。小・中学生のころ、親が油彩画を習わせた時期もある。スペイン当時から飼っていた小型犬ピピが一七年余の生涯を閉じた時、悲しみをまぎらすため似顔絵を描こうと思い立つ。可愛らしい姿態や動作をなぞるうち、胸中の熱い思いが絵筆に乗り移り、舞踊も絵画も目指すところは同一と気づく。幻想的で優しいタッチの作品は色づかい・構図とも独特で、どこか寂し気に映り、不思議に心を打つ。

前段に記したインタビューの際、彼女は「私には神がかりな何かがあるの」と漏らし、こう口にした。

――夜中に都内で車を走らせていると、隣の席から亡父が手を差し伸べ、風のようにそっと頬に触れるの。

父なる人は貧しい暮らしの中で苦労して育ち、一代で土木建築業で財を成した。三人の娘たちを異常なほど溺愛し、お花やお琴にお茶・ダンス・乗馬……とお稽古事は何でも習わせた。そんな父が自分の言うことを聞かないと、彼女はハンストをしてでも我がままを通すすべを知る。いつしか、世の中は自分を中心に回っているのだと思うようになる。

大学時代には異性関係をとがめられ、睡眠薬自殺を図って驚かせ、以後は言いなりにさせた覚えも。が、それでいてファザコン気味なところもあり、我ながら気がさす行状が続くと、夢うつつに必ず亡父が出現。「いい子になりなさい」と諭す声がする、ともいう。

思うに、彼女には超常現象と縁がある巫女《みこ》さんのような資質があるのかも知れない。実をいうと、この私自身も一〇代半ばと五〇代半ばのころ、理屈では説明のつかぬ不可思議な現象を二度にわたり体験している。そんな個人的事情もこれあり、あながち彼女の述懐を「そんなバカな」と一蹴する気にはなれないのである。

さて、長嶺さんは中年を過ぎてからも、都内の国立劇場や中野サンプラザを足場に実験的・前衛的な創作舞踊の公演を次々と行う。二〇〇二（平成一四）年、その芸術活動の功績に対し紫綬褒章を授与される。以後も活動のペースは衰えを見せず、二〇年二月一三日に八四歳を迎えた今なお矍鑠《かくしゃく》として現役を務めている。例えば一七年五月には新宿文化センター大ホールで、お能の太鼓と唄を背に薄幸な花魁《おいらん》の愛の物語『徒雲《あだくも》の果て』を。翌六月は東京建物八重洲ホールで、石川さゆりの演歌に基づく『飢餓海峡』を長唄三味線・津軽三味線・横笛の演奏で白衣で舞う野心的な試みを披露。まだまだ進化し続ける究極のエイジレス、と評される。

長嶺さんとは一昨年五月、三〇余年ぶりに再会がかなった。そのちょっと前、私が月刊宗教誌『大法輪』に彼女の評伝を寄稿。彼女と縁が深い真言宗豊山派の関係者から報せがあったのか、寄稿への謝意を記す彼女の手紙が届く。都内での公演の招待券が同封してあり、私は御好意を有難く受け、当日は早めに楽屋を訪ねて対面し久々に旧交を温めた。二時間ほど出ずっぱりの舞台は八〇過ぎの高齢とはとても思えぬ活発さで感服した。

彼女が三〇年近い間に面倒を見てきたネコやイヌたちは優に千匹を超えるはずだ。その命の終末をみとる悲しい体験も数え切れぬほど積み重ねたに違いない。長年にわたる無償の愛の功徳か、その面差しは慈母さながらの優しさを宿している、と私には映った。

〈『大法輪』二〇一八年二月号〉

第18章　映画女優

倍賞千恵子さん　美津子さん

「もっと自分の可能性を試したい」（千恵子）
「どこか地が出ちゃう、化かそうとしてもダメね」（美津子）

ばいしょう・ちえこ（一九四一〜）　ばいしょう・みつこ（一九四六〜）

仲が良く共に一流であり続ける姉妹はなかなかいない。東京の下町育ちのこの二人はその稀なケースにぴったりだ。二人とも美貌を買われて映画界入りし、演技力をしっかり養って各種の女優賞に輝く。近年は渋い役どころの演技派に徹して健在で、めでたい限り。

寅さんの妹役「さくらさん」を演じ（千恵子）

二〇一九（令和元）年の年末、山田洋次監督の松竹映画「男はつらいよ」の新作（第五〇作）が公開された。寅さんと言えば、妹役「さくらさん」が付きものだ。朝日新聞記者当時の私は今からはるか以前の一九八四（昭和五九）年に「さくらさん」こと女優・倍賞千恵子さんと単独インタビューをしている。先ずは当の記事（一〇月一八日付け夕刊）の紹介（骨子）から。

――茨城ゆかりの芸能人に女優の倍賞千恵子。東京生まれの千恵子が四歳の昭和二〇年、東京大空襲で焼け出され、筑波山の北の母の郷里・大和村（注：現桜川市羽田）に疎開する。田舎暮らし六年、食糧難のひどい時代のこと、「末の弟をおぶって近くの山にキノコを、田んぼにイナゴをとりに、よく通いました」。けなげな個性がのぞく。

倍賞千恵子さん（右）と妹の倍賞美津子さん（1966年12月撮影、東京・数寄屋橋のレストランで。朝日新聞社提供）

都電の運転士をしていた父に従い、一家は東京に戻ると下町・滝野川で長屋暮らしへ。芸事好きの彼女はＳＫＤ（松竹歌劇団）を経て映画界入り。〝下町の太陽〟とうたわれ、ご存じ「寅さん」映画に欠かせぬ兄思いの「さくらさん」として松竹の看板女優に。

三年前、東宝映画『駅』の汚れ役に挑戦。キネマ旬報主演女優賞をはじめ各種の映画賞をごっそりさらう。翌年、古巣の松竹を円満退社、フリーで再出発へ。私生活では離婚劇も経験した。「優等生」「女らしい女」というレッテル返上をめざし、「いつも後ろ盾がある立場では甘くなる。もっと自分の可能性をためしたいんです」。

茨城の名残は何より言葉。「アクセントが変、って時々注意されます」。——

かの「寅さん」映画の第一作が一九六九年に初めて誕生してほぼ半世紀。主役の車寅次郎を演じた故・渥美清は不在ながら、「さくら」をはじめ「夫」・前田吟や「倅」・吉岡秀隆らは健在だ。松竹は「男はつらいよ」第五〇作の公開をめざし、一八年秋からスタジオでのセット撮影や東京・柴又でのロケを開始。過去のシリーズの名場面と組み合わせ（第四九作と同じ方式）、新作をこしらえた。終盤ごろ、「倅」の恋人役で活躍したゴクミ（後藤久美子）の二三年ぶりの作品復帰も話題を呼んでいる。

頼りにされる日本の長女役（千恵子）

倍賞家は、秋田出身の父は戦前の東京で市電の運転士を務め、茨城出身の母は今のスチュアデス並みの花形職業だった車掌さん。美男と美女同士の当時珍しい職場恋愛結婚である。戦後、茨城の疎開先から戻った滝野川での三軒長屋の暮らしは二間に台所だけ。風呂はなく銭湯通いだから、絵に描いたような下町暮らしだ。

子供は五人きょうだいで、長女・次女（千恵子）・長男・三女（美津子）・次男。そろって体格と運動神経に恵まれ、女児は芸事好き。暗い戦前・戦中を知る両親は、子供たちの希望を生かしてやろうと図る。千恵子をピアノや声楽のレッスンに通わすため、母親は保険の外交員をして稼ぎ、長女も昼間の高校に受かりながら家計を助けようと夜間に代えて働いた。

「ＳＫＤのホープ」だった千恵子は一九歳の一九六一（昭和三六）年にスカウトされ、松竹専属の秘蔵っ子として映画界入り。三作目の五所平之助監督のメロドラマ『雲がちぎれる時』にバスガール役で出て爽やかに働く女性の清々しさを好演し、早速注目される。六〇年代前半は日本映画は未だ量産の時代で、彼女は年に一〇本前後もの作品に出ているが、役柄のほとんど全てが工員や店員といった働く女性。女子大生やお嬢様といった役ではなく、どの作品でも健気に働き、ぐれたりせず弟妹をちゃんと引っ張っていくお姉さんタイプだ。

六三年には山田洋次監督の「下町の太陽」に主演する。レコード大賞新人賞を受けた彼女のヒット曲の映画化だが、荒川近辺の化粧品工場で働きつつ愛や人生について真摯《しんし》に思いを巡らす清潔感あふれる娘の役を好演。下町庶民派のキャラクターを早々と確立する。実生活では次女だが、優等生タイプの長女らしさ、しっかり者のイメージが定着していく。

明朗青春映画に出演しながら、演技力の要る文芸映画での難しい役どころも徐々にこなし、女優として着実に成長していく。さりげない演技で生活感を表現できる天与の資質に目をとめたのが名伯楽・山田監督。六九年、フジテレビのドラマの映画化である「男はつらいよ」で、主人公・車寅次郎（渥美清）の異母妹・さくら役を演じる。

この作品は、主演の渥美が自身の不良少年時代に付き合ったテキ屋たちの思い出を山田監督に語ったのが発端。山田がイメージを膨らませ、日本映画が生んだ最も大衆的な人気者・寅さんを世に送り出す。これがヒットして続編が作られ、続編も成功してシリーズ化し、九六年の第四八作まで続いてギネスものの空前の長期シリーズとなり、同年の渥美の病没でピリオドを打った。

連作に毎回登場する「さくら」は寅さんの妹だが、旅暮らしの寅次郎の身を案じながら見守る実質的には姉のような存在。いや時として母でさえあり得、渥美は「さくらは菩薩《ぼさつ》です」とまで言っている。寅さんは「さくら」に甘え、彼女の言うことなら何でも聞き、彼女にだけは我儘《わがまま》の言い放題。それでも「さくら」は「お兄ちゃん、お兄ちゃん」と寅さんをかばい、甘えを許していく。「とらや」の叔父夫婦なども何かというと彼女に頼り、これはもう長女的性格そのものと言っていい。

一八年秋、民放BSテレビで「寅さん」特集番組があり、山田監督と倍賞千恵子が対談。こもごもこう語っている。

――（山田）寅は放浪者だが、その愛情は太陽のよう。さくらは定住者で、愛情は水のよう。高度成長期のモーレツ日本人のアンチテーゼとして寅さんを描いた。実際、渥美さんは車も背広も持たなかった。五〇年前、ちゃぶ台が姿を消してから日本（の社会）は変わった。

――（倍賞）（「寅さん」シリーズには）玉手箱のようにいろんな（宝物のような）物が詰まっ

ていた。社会や人間について、いろいろ学ばせて頂きました。

山田と千恵子の黄金コンビは引き続く。七〇年、炭鉱離職一家の母を演じた「家族」。七七年の「幸福の黄色いハンカチ」では、刑務所帰りの夫（高倉健）を待ち侘《わ》びる役を彼女は好演。爽《さわ》やかな涙を誘う名品となり、数々の映画賞を独占する大ヒットになる。八〇年の「遥《はる》かなる山の呼び声」でも高倉と共演。地に足の着いた大人の恋を細やかに見せた。高倉との息の合うコンビは八一年の「駅／STATION」（降旗康男監督）でも実現。この間に主要な映画賞の女優賞をほとんど獲得している。

千恵子は、ごく若い頃からスクリーンの中で健気に働き、周囲から頼りにされる日本の長女役をしっかり演じてきた、といえよう。

姉の影響で劇場舞台へ（美津子）

倍賞千恵子さんの実妹・倍賞美津子さんも、姉に引けを取らぬかつての美人女優で且つ実力ある演技派として知られる。八四（昭和五九）年、私はこの人にインタビューしている。彼女の横顔紹介を兼ね、まずは当の紙面（一〇月一八日付け夕刊：骨子）を引こう。

――茨城ゆかりの女優に倍賞美津子がいる。東京生まれの姉・千恵子が四歳の昭和二〇年に東京大空襲で焼け出され、筑波山の北の母の郷里・大和村（注：現桜川市羽田）に疎開する。田舎暮らし六年、美津子の方は疎開先で生まれた。食糧難のひどい時代のこと、「スイカやトマトを近所の畑から失敬しちゃって、おなかの足しにした。青くさいトマトの味は今でも忘れられないな」と美津子。やんちゃな個性がのぞく。

一家は東京に戻ると下町・滝野川で長屋暮らしへ。芸事好きの姉妹はＳＫＤ（松竹歌劇団）を経て映画界入り、と同じコースをたどる。さっさとフリーになった美津子はプロレスラー、アントニオ猪木の妻となる傍ら、個性派の異色女優の道へ。映画『復讐するは我にあり』の肌も露わな体当たり演技で四年前、ブルーリボン助演女優賞。

豊かな肢体、成熟した女の美しさを買われて、テレビのＣＭ〝Ms. ニッポン〟に登用され、話題を呼ぶ。カラッと明るく、「いろんな役をやっても、地が出ちゃう。化かそうとしてもダメね」。——

美津子は近年、主にテレビを足場に活動。一八年秋からの新シリーズＴＢＳ日曜劇場「下町ロケット」で主役・阿部寛の母親役を演じ、好評だった。柔らかい雰囲気から、優しく包み込んでくれるような母親役が似合う。〇七年のドラマ「東京タワー　オカンとボクと、時々、オトン」で貫録あるオカン役を演じ、非常に好評。以降、主人公の母親や祖母役を演じる機会が目立って増えた。

姉の千恵子の項でも述べたように、両親は秋田出身の父と茨城出身の母の美男と美女同士のカップル。戦後、茨城の疎開先から戻った両親と五人きょうだいは滝野川の三軒長屋で暮らす。二間と台所だけで風呂はなく銭湯通いだから、絵に描いたような下町暮らしだった。

三女の美津子はおとなしかった次女・千恵子と違い、子供のころから勝気だった。末の弟がいじめられているると代わりにとっちめたり、「女のガキ大将」だったとか。五つ年上の千恵子と同じく容姿に優れ、姉の影響もあって早くから劇場舞台にあこがれる。

二一歳の時の六九年、五社英雄監督「人斬り」で勝新太郎が演じる土佐藩郷士・岡田以蔵のなじみの女郎役で映画界へデビュー。同年の松竹入社第一作は森崎東監督「喜劇　女は度胸」。以後、森崎作品の常連になり、八五年「生きてるうちが花なのよ死んだらそれまでよ党宣言」では旅回りのストリッパー・バーバラ姐《ねえ》さんをさっそうと演じる。恋人は原発ジプシーという設定で、美浜原発の放射能漏れ事故、事故隠しに暴力団が暗躍といった社会の暗部も描かれる。美津子は言う。

――監督は先の戦争中に青春期を過ごし、国家に対しすごく怒っていた。役柄をつかむため早々と現地に入って街を歩き、銭湯で地元の人と話したり、土地の空気を丸ごと取り込むよう努めた。

姉・千恵子が確立した「しっかり者の長女」像でなく、次女・三女の特質「自由でいて頼もしげ」な路線を選ぶ。出たとこ勝負的危うさは伴うが、誰もがふっと頼りにしたくなるキャラだ。スリムな体形でソプラノ声の姉と違い、胸や腰の大きいグラマーでハスキー声の彼女ならではの選択かも。

生命力あふれる女性を見事に表現

美津子は社会派志向を強め、独立プロの仕事も多くなる。演技派として転機を迎えるのが七九年の今村昌平監督「復讐《ふくしゅう》するは我にあり」。緒形拳が演じる殺人強盗の妻役で出演し、全裸の入浴シーンでも話題になった。夫が家出してもへこたれず強く生き抜いていく生命力あふれる女性を見事に表現し、ブルーリボン賞助演女優賞、日本アカデミー賞優秀助演女優賞。美津子はこう言う。

――大変なシーンでも、役者は監督を信頼すればできる。血を吐くほど苦労して絞り出したセリフがとても大切だ、と教えて頂いた。優しくも残酷にもなれる人間の深さを教わった。

八五年には前記の森崎監督「生きてるうちが花なのよ死んだらそれまでよ党宣言」、神代辰巳監督「恋文」、崔洋一監督「友よ、静かに瞑《ねむ》れ」に出演。この三本の総合評価で、この年の数々の映画賞の主演女優賞を総取りし、日本映画界を代表する演技派俳優としての地位を確立する。

私生活では四〇歳の折に、一六年連れ添った夫・アントニオ猪木と協議離婚。最初に姉・千恵子においおい泣きながら電話を入れ、「とりあえず、おいで」と家へ来るよう誘われた。その後、ショーケン（萩原健一）との艶聞騒ぎなどもあったが、一人娘・寛子を女手一つでちゃんと育て上げ、高校～大学は米国へ留学させて無事に独り立ちさせている。

五〇歳の時の九七年、直腸癌が判明。患部の直腸を全摘出、人工肛門を着ける決断をし、大手術に成功。再起すべく、水泳やジム通いに励んで体力回復に努めた。夜は読書に当て、オルテガ・イ・ガセットの哲学書などを読みふけり、「心の貴族たれ」という言葉に励まされた、という。映画雑誌のインタビューに、「菩薩《ぼさつ》とマリアと、エロス。そういう女性に、私はなりたい」と答えている。

当時、倍賞姉妹は月刊「婦人公論」で六頁に渡る対談をしている。美津子の娘・寛子が赤ん坊の頃、千恵子が泊りがけで面倒を見に行ったり。千恵子が運悪く骨折した折は美津子の所に一ヵ月も居候し、トイレの付き添いから入浴の世話までやっかいになったり。姉妹の親密さがつぶさに紹介される。美津子が「先に道しるべを作ってもらい、感謝している。すごい先輩」とつぶやけば、千恵子も「そんじょそこらに居ない（立派な）役者さん」とたたえ、エールを交換し合っている。

この二人は、父母の代に地方から上京してきた「東京二代目世代」の最も有名な成功例でもあろう。学歴や肩書によってではなく、仕事の場で独力で己をみがき上げた女性たちゆえ、とりわけ感服する。

〈『大法輪』二〇一九年一月号〉

第19章　映画俳優

菅原文太さん

「つい先頭切ってやっちまう」

すがわら・ぶんた（一九三三〜二〇一四）

活劇俳優として名をはせた彼には、知られざる一面があった。キューバ革命の闘士チェゲバラを篤く尊敬し、反体制的な政治運動への共感を隠さなかった。生得の反骨精神を具えた好漢だった、と感じる。

沖縄「辺野古基地」問題でマイクを握る

本土「ヤマト」の自民党政治を「上から目線」「政治の堕落」と咎《とが》めた硬骨の沖縄県知事・翁長雄志氏が二〇一八（平成三〇）年八月、膵臓癌で急死した。享年六七。一四年の知事選に現職の仲井間弘多氏を相手に新顔として立ち、「辺野古基地」問題での同氏の変節を突いて圧勝。一期目終盤での思わぬ悲劇である。その前回選挙運動の最中、那覇市野球場で開かれた翁

菅原文太さん（1982年撮影、朝日新聞社提供）

長候補応援の一万人集会に当時肝臓癌を病む菅原文太さんが車椅子で参加。歩いて登壇し、笑みを浮かべてマイクを握り、しっかりした声で要旨こう訴えた。

——政治の役割は二つ。一つは国民を飢えさせないこと。もう一つは、これが最も大事。絶対に戦争をしないこと。（大きな拍手）前知事は今、最も危険な政権と手を結んだ。沖縄の人々を裏切り、辺野古を売り渡した。映画『仁義なき戦い』の最後で「（裏切り者の）山守さん、弾はまだ一発残っとるがよ」というセリフをぶつけた。その伝でいけば、「仲井真さん、弾はまだ一発残っとるがよ」と、ぶつけてやりたい。（笑いと拍手）沖縄の風土も、本土の風土も、海も山も空気も風も、全て国家のものではありません。そこに住んでいる人たちのものです。辺野古も然り！　勝手に他国へ売り飛ばさないでくれ！（大きな拍手）

YouTubeで「菅原文太　沖縄　動画」と入力すれば、一一分余のその内容は今すぐ確かめられる。このスピーチの二七日後に彼は亡くなるが、沖縄そして日本の行く末を案じる真情があふれ、幾度見ても目頭が熱くなる。今から三七年前の一九八一（昭和五六）年秋、当時朝日新聞記者だった私は文太さんを東京・杉並区内のご自宅に訪ね、差しで一時間余りやりとりしている。当時の紙面（八二年一月二九日付け夕刊）を引くと、

――仙台弁で「おだちもっこ」と呼ばれる人間のタイプがある。（中略）虎穴に入らずんば虎児を得ず、少々おっちょこちょいだが、どえらい事をやりかねない男である。俳優菅原文太の実力を茶の間にまで広く認識させたNHKテレビドラマ「獅子の時代」。菅原が演じた主人公、平沼銑次は旧会津藩士の設定ながら、おだちもっこの典型といっていい人物。明治の裏街道をひた歩き、自由民権のために秩父事件の死地にまで赴く男――銑次の人物像は文太の個性を前提に書かれたという。「おっちょこちょいなのか、分の悪いことを知っていながらつい先頭切ってやっちまうところがある。やっぱり、血かなあ」

仙台生まれの宮城っ子。映画「仁義なき戦い」シリーズがヒットしてスターにのし上がるまで、長い下積み生活にしぶとく耐えた粘り強さ。常にマイペースを守り、自己主張を曲げない頑固さ。いずれも東北のものだ。「スターであるってことは恥ずかしいことです。実態は大したことないんだから」「カストロよりゲバラの方に、心情的にはひかれる。現実のオレは七〇になっても、恐らくタラタラ俳優稼業をやってんだろうけど……」。

アクションスターの外見からは想像しにくい内面のナイーブさが、言葉の端々にのぞく。早大中退後の一時期、傾倒する坂口安吾の世界を地で行く無頼の生活を送ったことも。かげりのある独特の存在感は、そうした過去ともどこかでつながっていそうだ。――

書斎の隣にかなり広い書庫があり、床から天井まで届く書架が幾重にも並び、内外の文学全集やいろんな本がぎっしり詰まる。その一隅に革製のサンドバッグが天井から吊り下げてある。文太さんはいささか照れ臭そうに言った。

――歌舞伎町辺りで夜遅くまで飲んでも、帰ってから忘れずにバッグを叩いて体を絞るようにしている。体あっての役者稼業だから。

東映のトップスター

菅原文太（本名、敬称略）は一九三三（昭和八）年、仙台市に生まれた。父・菅原芳助は元『河北新報』記者で洋画家・詩人。文太は県立仙台一高卒〜早大中退。文太の仙台一高当時の一学年下に作家の故・井上ひさしがいる。私は彼にも取材で話を聞いているが、彼が著した青春小説『青葉繁れる』の概要は文太の打ち明け話に基づく、という。両人は部活の「新聞部」の仲間で気が合い、後年にも家族ぐるみの付き合いをする仲だった。

文太は酒が入ると在校当時のバンカラ武勇伝を子細に物語り、井上がそれを脚色したのだ、という。隣り合う県二女高のマドンナとして、モナリザのような微笑みを浮かべる美少女・若山ひろ子が登場する。このモデルが後の有名女優・若尾文子その人。私はやはり取材で彼女にも対面しているが、透き通るような絶世の美貌に息をのんだのを忘れない。

本題に戻る。文太は早大進学後の五四年、劇団「四季」に一期生として入団。貧乏画家だった父親からの仕送りは当てにできず、翌年に早大を中退する。山谷のドヤ街暮らしや銀座の高級クラブでのボーイ勤め、後の俳優・岡田真澄らとの日本初の男性専門モデルクラブ設立……、様々な身過ぎ世過ぎを味わう。五八年に新東宝宣伝部員にスカウトされ、映画俳優を目指し入社。が、新東宝が破産し、松竹へ移籍。ここでも目が出ず、東映へ。

この移籍がきっかけで運が開ける。七三（昭和四七）年～七五年に制作された異才・深作欣二監督の『仁義なき戦い』シリーズに主演し、一躍大スターの座へ駆け上る。深作監督は以前に話題作『軍旗はためく下に』を撮り、後には名作『蒲田行進曲』や『バトル・ロワイヤル』を撮った人。スピーディでテンポのいい演出が全五部作を大ヒットさせる。

原作は作家・飯干晃一が「週刊サンケイ」に連載した同名の実録もの。広島抗争で刑務所入りした広島のやくざ美能幸三が獄中で記した長大な手記が基だ。殺し殺され、裏切り裏切られる、美学やロマンとはおよそ無縁な衝撃的で陰惨なやくざ世界の実態が赤裸々に綴られる。脚本担当の笠原和夫はバルザックの『人間喜劇』を念頭に、無様で欲深い青春群像を描き出そうと努めた、という。

松方弘樹・渡瀬恒彦・田中邦衛・梅宮辰夫ら脇を固める共演陣の顔ぶれも充実し、優れた群集活劇の趣を醸す。が、何と言っても一番の売りは主役・文太の凄《すご》みのあるド迫力な演技だ。金子信雄の演ずるケチで臆病、狡猾《こうかつ》な策士の山守組組長に利用され尽くす美能幸三ならぬ広能昌三は、耐えに耐えたあげく終に耐えかね、ドスの効いた広島弁でこう凄む。

――オヤジさん、言うとってあげるが、あんたは初めからワシらあ担いどる神輿《みこし》じゃないの。組がここまでなるのに誰が血流しとるんや。神輿が勝手に歩けるいうんやったら、歩いてみないや、のう！

私はシリーズ最初の三本を映画館で見たが、『七人の侍』や『ゴッドファーザー』などにも劣らぬ秀作では、と感銘を受けた。七五〜七九年に制作された鈴木則文監督の『トラック野郎』シリーズにも文太は主演する。五年間で全一〇作品が公開され、『仁義なき戦い』シリーズに劣らぬ興行収入を挙げ、彼は名実共に東映のトップスターの座を固める。

「獅子の時代」の銑次は現代でも生きている

看板スター菅原文太をテレビの世界も放ってはおかない。八〇（昭和五五）年一月〜一二月に全五一回で放送されたNHK大河ドラマ「獅子の時代」は、社会派の作家・脚本家の山田太一が文太の個性を前提にオリジナルで書き下ろしたもの。従来の大河ドラマの主人公は中央政権の近くにいた有名武将など華々しい英雄たちがほとんどだが、文太が演じる主役・平沼銑次は元会津藩下級武士という設定の架空の人物だ。

銑次は会津戦争、函館戦争に参加し、いずれも敗北。下北半島斗南へ入植し辛酸をなめた後、商人に転身して無実の罪で投獄される。数々の災難・不幸に見舞われながら、持ち前の反骨精神で乗り越えていく。維新史の光と影を追う物語は終盤、秩父困民党の武装蜂起事件へ舞台を移す。一八八四（明治一七）年、明治政府のデフレ政策に苦しむ農民三千人が決起するが、軍隊や警察に武力で鎮圧される。「自由自治元年」の旗を掲げる銑次は、「秩父の外にも味方はおる」と口にし、敵陣をめがけ単身で斬り込んでいく……。

放送翌年の八一年はちょうど「自由民権百年」に該当し、この年秋に横浜市内で「自由民権百年全国集会」が開かれる。歴史家・色川大吉さんの呼びかけで延べ約七千人が参加し、この人に私淑する私も会場に馳《は》せつけた。「獅子の時代」の脚本家・山田さんと主演の文太さんが壇上に顔を揃《そろ》え、文太さんはこんな趣旨のスピーチをしている。

――（日本に）どこからか戦争の足音が聞こえないでもない状況です。銑次が現代に生き続けさせて、民衆のために戦っているとすれば、演じがいがある。チェゲバラは我々のヒーローの一人であり、銑次はゲバラではないかと考えながら演じてきました。

さて、二〇二〇（令和二）年春の目下。かの森友文書の改竄《かいざん》に加担させられ、煩悶《はんもん》のあげく二年前に自死を選んだ近畿財務局の職員、赤木俊夫さんの手記内容が明らかになった。「財務省が真実に反する虚偽の答弁を貫いている」「すべては佐川局長の指示」「最後は下部がしっぽを切られる」。A4で七枚の手記やメモには、一連の経緯が克明に記されている。だが、安倍首相と麻生財務相はこの手記の公表後も、文書改竄について再調査する考えはない、と表明した。

反骨心と気概に富む文太さんは、権力にものを言わせて私利を図る手合いを何より嫌った。

「アベ一強」体制下でのここ何年かにわたる一連の不祥事に立腹、苦り切る表情が思い浮かぶ。

〈『大法輪』二〇一八年一〇月号〉

第20章　話芸

松江シズさん

「おまわり来るなら来い、裸で来い」

まつえ・しず（一九一二〜二〇〇四）

江戸前のタンカの切り方はこうか、と胸がスッとする。むやみに威張りたがる巡査や小役人をこっぴどくやりこめた。下町の小料理屋の女将さんは、絶品の弁舌を自在に操った。本職の俳優や女優がやりとりを楽しみに通う位に。あの気っ風の良さは未だに忘れられない。

江戸っ子の意地っ張り精神

今から三〇年近く前の一九九一（平成三）年五月二五日付け朝日新聞朝刊の東京版紙面に私の署名入りの次のような一文が載っている。

――「ここの盆踊りは、仮装・変装して踊るの。アタシなんか一パイやって気分よくなると、スッ裸で踊っちゃう。おまわりさんがやって来てオイオイって文句いうから、言ってやった。

佃・住吉神社（1991年撮影）

こんな時ぐらい無礼講でいいんだろ。金取って踊ってんじゃねえんだ。自分の持ち物を自分で勝手にしてどこが悪いんだ。こことここだけ隠せばいいんだろ。オレらがいるから、おまわりやれるんじゃねえか。オレらがいなきゃ、おめぇらいらねぇんだ。おまわり来るなら来い、裸で来い。こっちで罰金取ってやらあ、ってやったら、ほうほうのていで逃げてっちゃった」

　順序が逆になるが、この文章には前置きとして以下のくだりがある。

　――前回紹介した下町ファンの画家、桐谷逸男さんごひいきの店に、勝鬨橋たもとの小料理屋「きよ」がある。店を切り盛りするのは、松江シズさん（七九）、飯田きよ子さん（六一）のおば・めいコンビ。佃一丁目生まれ、生粋の下町っ子二人の気っぷのよさが、この店の一番の売りものだ。二人の漫才さながらの掛け合いも面白いが、絶品がシズさんの江戸前のタンカの切り方。

　そして、冒頭の文章には次のような補足も添えてある。

　――小気味のいいべらんめぇに、胸がスッとし、吹き出してしまう。きよ子さんによると、シズさんの武勇伝は数々あるらしい。二〇年ほど前、裸踊りの現場写真を送りつけたおせっかいがいたため、月島署に呼び出しを食った。が、いつもの調子でポンポンやり込め気合い勝ちし、帰りは署長の車に送られ意気揚々と戻って来た、という。

――江戸っ子の町人は、「二本差し（武士）が怖くて、目刺しが食えるか」と強い者に抵抗する意地っ張り精神を大事にした。むやみに威張りたがる警察官や学校の先生に屈してたまるかというシズさんには、その血統が脈打っているようだ。「佃の人間はみな口が悪いよ。でも腹の中には何もない。山の手の人はお世辞をいうけど、気が知れないな。どこまで本当で、どこまでウソなんだか」

――シズさんやきよ子さんの気性に惚れ込むファンは、いろいろいるらしい。タレントの山城新伍さんや大原麗子さんもその口。どちらも、気が向くと、店ではなく、シズさんたちが住む家に訪ねてきて、言いたいことを言い合ってサッパリした顔で帰って行く、そうだ。

インタビューは二時間余りおこない、テープに収めた内容を文字に起こし、ほとんど一字一句たがえず文章化した。シズさんの威勢がよく、筋の通ったタンカの切り方には感心する。発言には「月島署」と名指されているが、異議申し立ては一切なかった。きよ子さんら周囲の証人が少なからずいるし、なによりシズさんの断乎たる口ぶりから真実性には一片の疑いもない、と確信が持てた。

いま読み返してみても、胸がスッとする。「オレらがいるから、おまわりやれるんじゃねえか。オレらがいなきゃ、おめぇらいらねぇんだ」のくだりは筋の通る納税者意識に裏打ちされた正論。その後の「おまわり来るなら来い、裸で来い。こっちで罰金取ってやらあ」は市井の庶民の反権力意識が小気味よい。なかなか、こうぽんぽん威勢よくはいかない。

下町の人々の人情

シズさんや姪のきよ子さんの出生地・佃島は佃煮発祥の地として知られる。そもそもは、徳川家康の命によって江戸へ出てきた摂州佃村（現在の大阪市西淀川区）の漁師たちが造った島だ、という。関東大震災にも先の大戦中の戦災にも遭わなかった佃一丁目の一画は取材で訪れた当時、古い木造家屋の家並みが未だ残っていた。背後にそびえる旧住宅公団の高層団地との対照が際立ち、タイムスリップしたかのような錯覚を覚えた。

シズさんの姪・飯田きよ子さんの実家は、昔は網元として知られた佃でも指折りの旧家。土間に井戸があったり、魚の生け簀《す》が板の間にあって、びっくりした。同行したシズさんいわく、――祖父の話だと、佃の開祖は家康が呼んだ漁師たちではなく、大坂方の落人。三六人衆というのが野宿したり、てくてく歩きに歩いて、ここへ落ちついたんだ、とか。

お二人のその後が気になり、二〇一六（平成二八）年秋、佃地区を久しぶりに訪ねた。モルタル造りへの改築こそ増え、小さな二階家が建て込む風景は以前通り。きよ子さんの実家は昔と全く変わっていず、びっくり。縁者の方の話では、彼女は二〇〇〇年に、その四年後にシズさんが他界されている由。合掌。

私の下町との最初の出会いは、今から半世紀余り前の一九六〇年代半ば。朝日新聞社会部で駆け出しの警察回りで、持ち場は墨田・江東・江戸川の三区だった。同僚の休日カバーで、台東・葛飾・足立の三区も回った。ほぼ一年に及ぶサツ回り記者生活を通じ、本所や深川・向島といった下町の情緒になじみ、上野や浅草、錦糸町の盛り場で酒を飲んで息抜きをする楽しさを知った。

事件や事故の取材で現場へ駆けつけた際に、地理不案内でまごまごすることも。そんな折、びっくりしたのが地元の人たちの親切さ。所・番地を言うと、かんで含めるようにていねいに教えてくれる。地図を描いてくれたり、現場まで手を引くようにして案内してくれる人もいた。

五〇代半ばを超え記者人生終了を目前に、私が『下町そぞろ歩き』と題する長期連載（百回）企画を自分で思い立ったのは、この当時の「下町原体験」ゆえだ。その頃に受けた親切やら、下町の人々の人情深さが忘れられず、郷愁めく思いから私なりの下町探索を試みた。

準備段階で下町に詳しい評論家の故・加太こうじさんに教えを受け、下町発祥の地が神田・日本橋であることを初めて知った。やっちゃ場（青果市場）に縁のあった神田っ子にはいなせで威勢のいい感じが漂い、しにせの商店の流れをくむ日本橋っ子は粋な雰囲気の人が多いように見受けた。共通するのは「お祭り好きが多い」「気取らない旨いもの屋さんがある」「ちゃんとしたタウン誌が長続きしている」という特徴である。

九〇（平成二）年秋から翌年夏にかけて取材はほぼ一年に及び、上野や神田・日本橋かいわいをてくてく歩き回った。さまざまな商店街や横丁、路地に出入りし、しにせや長屋、しもた家を訪ね、お寺や神社、公園に足を向けた。生え抜きの土地っ子を中心にさまざまな人々と出会い、胸に沁みるいい話を幸いにも数々耳にすることができた。

うれしいことに、気っぷのいい下町っ子は、そこかしこに居た。谷中では「仕事は金じゃない。道楽でやるんだ」と言い切る算盤《そろばん》下手の指し物職人や「出来の悪い豆腐はぶち壊したくなる」と正直にもらす手作り豆腐の店主に出会った。湯島では、地上げ屋の侵入許さじと体を張って街の面倒を見ている真っ当な不動産屋さんを知った。

骨の髄からの野党意識

下町取材が縁で九二年に谷中のすぐそばの荒川区西日暮里三丁目へ、物好きにも単身（家族は横浜暮らし）引っ越す。台東・文京・荒川の三区が境を接し、タウン誌『谷中根津千駄木』（通称「谷根千」）の該当エリア。江戸の名残を伝える地域としてテレビ番組などでもてもて、若い人たちのデート・コースになるほどトレンディーな街とも言われていた。印象深かったのは、猫と路地と銭湯。

青空駐車場や坂道の階段などに、三毛や虎縞《とらじま》なんかの野良猫がいっぱい住み着いている。近所の心優しいおばあさんやおばさんが、キャット・フードなどの餌《えさ》やりを続けている。生来私は大の猫好きで、その姿態を目にするだけでもう幸せな気分になる。

谷中かいわいは路地が多く、家と家のわずかな隙間《すきま》に緑の鉢植えが所せましと並ぶ。足を止めてたたずむと、家の中の話し声が聞こえたり、台所で煮炊きする匂いまで流れ出てくる。下町特有の情緒や温もりといったものは、こんな街の構造とも関わりがある。

「下町」取材の一環で、日本橋人形町生まれの日本史学者・竹内誠氏（元東京学芸大教授・江戸東京博物館名誉館長）から「江戸っ子」をめぐる面白い話をいろいろ伺った。

——江戸に住んでいることを自慢するのを「江戸者」と言う。江戸は人の出入りが激しいから「信濃者」がすぐ「江戸者」になる。が、そうした手合いと、根っからの江戸の住人は出来が少し違う。そこで、祖父母は地方出身の「江戸者」でも両親は江戸生まれ、つまり根生いの江戸生まれを「江戸っ子」として区別するようになった。これが「三代続いたら江戸っ子」のいわれなんです。

江戸は官営の建設事業をはじめ儲《もう》け口はいくらでもあり、働きさえあれば食べるのに事欠かない。それで「宵越しの銭は持たない」という気質が生まれる。氏は言った。

——江戸には、支配者の侍と被支配者の町人が半々の五〇余万ずつ住む特異な緊張関係があった。そこから、権力を怖がらず、弱きを助け強きを挫く「張り」の気っぷが育まれた、と見ていい。

江戸学のうんちくは、もう一つ。

——幕府の書物に「(下町は) お城下町の略なるべし」とあります。将軍のお膝元を意識した言葉だから、下町は卑下した表現ではない。江戸っ子には、侍に反発する反面、将軍とのゆかりを誇りに思う弱さがあったことも否めません。

だが、我らがシズさんは前記したように、「佃の開祖は大坂方の落人」との言い伝えを信じていて、徳川将軍との縁故にあやかろうというケチな了見などみじんもなかった。その骨の髄からの野党意識、反逆精神が、私をすっかり魅了したのかも知れない。

〈『大法輪』二〇一九年二月号〉

第3部

これだけは言っておく

中沢啓治さん

「こん畜生！こん畜生！という思い」

なかざわ・けいじ（一九三九〜二〇一二）

原爆告発マンガとして世に名高い『はだしのゲン』の作者だ。小学一年の時、爆心地にほど近い所で被爆するが、奇跡的な幸運で命を拾う。同じく被爆した母親が二一年後に死没。火葬後、大きな骨が見当たらず灰ばかりなのに強いショックを感じ、原爆告発を初めて思い立つ。

一九四五年八月六日

朝日新聞記者だった私は今から半世紀ほど以前に、彼の口から一九四五（昭和二〇）年八月六日当日の生々しい記憶を詳しく耳にしている。

〈当日朝は雲一つない快晴。八時一五分、一条の白い飛行機雲がたなびき、B29爆撃機（エノラ・ゲイ号）が市の中心部を目指し侵入してくる。当時六歳で、国民学校（現在の小学校）一

中沢啓治さん（1981年5月1日撮影、朝日新聞社提供）

年生の彼は自宅を出て登校。校門のそばで、友達の母親に呼び止められる。会話を交わし始めた時、無残な一瞬が訪れる。中沢少年はたまたま、上空を見やっていた。

——今でも、原爆が炸裂《さくれつ》した時の色がありありと浮かぶ。中心は真っ白、写真のフラッシュみたいな青白い光がそれを包み、外輪は黄色と赤を混ぜたような巨大な光の玉でした。

強烈な光を網膜に焼き付けた後、記憶は途絶える。意識が戻ると、快晴だったのに辺りは真っ暗。校門脇に厚さ三〇センチものコンクリート塀があり、彼は寄りかかる形で立ち話していた。その塀が原爆炸裂による強烈な爆風で押し倒され、たまたま倒木がつっかえ棒になってできた僅かな隙間《すきま》に体がはさまり、奇跡的に命を取り留めたのだ。

無我夢中で塀の下から這《は》い出す。ついさっき立ち話していた同級生の母親は全身真っ黒焦げであおむけに斃《たお》れ、白い目をカッと見開いている。学校は爆心地から約一・二キロの至近距離だ。後に知るが、地上には鉄をも溶かす五千度以上に上る原爆の熱線が容赦なく降り注いでいた。

恐怖におののき何が何だか分からぬまま、学校の前の電車通りへ出る。街路の両側に林立する電柱から切れ落ちた電線が蜘蛛《くも》の巣状に渦巻き、太い電話線が電柱に大蛇のようにからみつく。両側の二階家の家並みは軒並み見事なばかりペシャンコ。薄墨色の煙が上空を覆いつくし、ちぎれた木片やトタン板が鳥が乱れ飛ぶように宙を舞っている。

本能的に家路を指し、何人かの女の人と行き交う。体の正面や側面、背後とギザギザのガラスの破片が無数に突き刺さり、ハリネズミさながら。眼球に破片を受け、手探りで歩く姿も。猛烈な爆風で窓ガラスが吹き割られ、その鋭い破片に襲われたのだ。女性らは黙々と足を運び、その度にガラスの破片が擦れ合い、ジャリジャリと耳障りな音をたてる。

こんな光景も目撃した。幽霊のように両腕を胸元に構え、足を引きずってよろめき歩く人々の姿。五千度もの熱線を浴び、皮膚が瞬時に重い火傷でずるむけに。垂れた腕の皮膚が地面を擦《こす》って痛くてならず、腕を持ち上げて歩くから、幽霊の行進さながらになってしまう。〉

原爆投下の大罪を告発しなきゃ

当時、私は原水爆禁止運動の取材を担当し、被爆者の方々から様々な被爆体験をうかがっていた。が、中沢さんのような人間の痛覚にもろに訴える生々しい証言は初めて。六歳児の記憶にしてよくぞとも思うが、天が彼を選んで余人に叶わぬ使命を託したのかも知れない。中沢さんは言った。

――『ゲン』の被爆直後の情景描写は、「こん畜生！こん畜生！」と呻《うめ》きながら、コマを埋めていった。原爆文学には、「被爆して悲しい」といった表現がよくあるが、エレジーではダメ。強い怒り、憤りを直にぶつけ、原爆投下の大罪をまともに告発しなきゃウソ。

　残存放射能による原爆病の発症をはじめ原爆被爆の惨禍についてはまだまだ言い足りないが、ひとまず措《お》く。『はだしのゲン』の劇画という表現手段は、迫真性に富むリアルなタッチゆえに原爆被爆の凄惨《せいさん》さを我々にまざまざと伝えてくれる。だからこそ、原爆兵器のこの上ない非人道的本質を白日の下にさらすことに成功した、と私は考える。

　中沢さんへの取材を基に書いた私の記事は七五（昭和五〇）年三月一八日付け朝日新聞夕刊の第二社会面右肩に四段抜きの大見出しの大きな扱いで載る。記事の前書きはこうだ。

〈少年向けマンガ週刊誌に長期連載された戦争告発マンガが、若い読者層からの圧倒的な支持を背に、近く単行本としてアンコール出版される。三〇年前、広島で被爆した漫画家中沢啓治さんが、被爆をはさむ戦中、戦後の痛苦に満ちた体験を物語にした『はだしのゲン』がそれ。原爆問題に取り組んでいる被爆教師の会や平和教育の専門家たちからもこの作品は高い評価を受け、回し読み運動や平和教育の副読本にしようとの動きが起きている。〉

　中沢啓治さんは広島市中区船入本町に生まれた。父は下駄の塗装業の傍ら左翼的な演劇活動に関わり、食事の度に家族に「この戦争は間違ってる。日本は絶対に負ける」と話す人だった。反戦主義者として警察に一年二ヵ月も拘束されている。前記した通り六つの時に同市内で原爆に被爆し奇跡的に助かるが、自宅に居た父・姉・弟を失う。身重の母が原爆投下の直後に産んだ妹も四ヵ月半で栄養不足で亡くなる。学徒動員で呉にいた長兄と学童疎開中の次兄は無事だった。

戦後、焼け跡に建てたバラック小屋で母子四人の暮らしが始まる。母と長兄が懸命に働き、自分も焼け跡で鉄くず拾いに励んで小遣い銭を稼ぐ。小学三年の時、手塚治虫の漫画『新宝島』を夢中で読みふける。「コマの転換が早く、構図が立体的で見事。ストーリーもすごく面白く、千回は読み返した。この本と出会ったのが漫画家志望のきっかけ」。

中学卒業後、市内の看板屋に就職。勤めから帰った後、夜中まで漫画を描いて過ごし、漫画雑誌などに投稿を重ねる。出版社の編集者からプロになるよう勧められ、六一年に上京する。先輩漫画家のアシスタントを務めて生計を立てる。

世界で読み継がれる『はだしのゲン』

五年後、広島市内の原爆病院に入院中の母が脳内出血で六〇歳で亡くなる。帰郷し、火葬場で驚愕《きょうがく》する。頭や胸・手足などの骨が全然なく、三〜四センチほどの白い破片が点々とし、後は灰ばかりだった。

――原爆の放射能は体内で骨の髄まで食い尽くすのか、と腸が煮えくり返った。それまでは原爆を題材にする気はさらさらなかったが、よーし、おふくろの弔い合戦をやってやる。日本政府だろうが、米国政府だろうが、戦争と原爆投下の責任を徹底的に追及してやろう、と腹をくくった。

すぐさま描き上げたのが、三〇頁の短編の原爆漫画第一作『黒い雨にうたれて』。広島で被爆、原爆症を患う青年が悪徳米国人を狙う殺し屋と化す復讐《ふくしゅう》劇だ。「お前たちは広島・長崎で残虐な殺戮《さつりく》、生体実験を行ったじゃないか、と被爆者ならではの怒りをストレートにぶつけました」。漫画評論家・石子順氏が戦争否定漫画の秀作として東大新聞に紹介する。

七三年、発行部数百数十万部の『週刊少年ジャンプ』誌上で自伝的な長編漫画『はだしのゲン』の連載を始める。中沢さんは執筆を勧めた同誌の長野規編集長を徳とし、恩人視した。彼は二〇一二年、肺癌のため七三歳で死去する。その直前、『はだしのゲン　わたしの遺書』（朝日学生新聞社刊）と題する自伝が刊行された。その第七章「『はだしのゲン』誕生」に「朝日新聞の記事」と題し、前掲の私の紹介記事をめぐる顛末《てんまつ》が詳しく記されている。

幸い、私の記事は少なからぬ反響を呼んだ。映画『原爆の子』などの製作に携わった山田典吾氏が映画化を申し入れ、中沢さんの依頼で当初の協議には私も同席。ゲンの父親役には三國連太郎氏をという原作者の希望が叶い、映画は大ヒット。パート２・パート３と作られ、劇場三部作となる。

その後、アニメ化も実現する。当時中学生の娘さんがテレビの戦闘アニメに夢中になる姿に中沢さんは愕然とする。反戦平和を訴えねばと『ゲン』のアニメ化を思い立ち、自ら脚本を書き、制作費七〇〇〇万円も借金までして自分で調達し制作。幸いヒットし、パート２も作ることができた。

前記の『わたしの遺書』によると、中沢さんはこのアニメ版を携えて渡米し、各地で上映会を催した。故ケネディ大統領が暗殺された南部の都市ダラスで上映後、中沢さんに質問しようと大勢の観客が列を成す。中年の女性が中沢さんを抱きしめ、泣きながらこう謝ったという。

――私たちはこんなことを知らなかった。ペンタゴン（米国国防省）が勝手に原爆を造って落としたんだ。もし知っていたら、絶対に止めていた。申し訳なかった。

『ゲン』全一〇巻の単行本・文庫本などを含めた累計発行部数は六五〇万部超。原爆被爆の凄惨な描写に留まらず、ゲンの人間形成のドラマが心を打つからか。ミュージカルやオペラ・演劇・講談などにも姿を変え、国内外で上演されている。セリフを外国語にすれば、海外にもちゃんと伝わる。ボランティアによる作業で、英・露・仏・独・韓国語など十数ヵ国語に翻訳ずみだ。

中沢さんは、二〇〇九（平成二一）年にチェコのプラハで米国のオバマ大統領が「核兵器を使用した唯一の国たる米国の責任として『核なき世界』を目指す」と演説したのに感銘を受ける。完成したばかりの『ゲン』英訳版一〇巻をオバマ氏の二人の娘さん宛てに郵送している。

一七年、ニューヨークの国連本部で核兵器禁止条約の交渉会議が再開され、条約前文に「核兵器使用の犠牲者（ヒバクシャ）の苦難を心に留める」との一節を盛り込むことに、各国が賛成を表明した。しかし、日本政府は会議に参加しなかった。唯一の戦争被爆国でありながら、米国の「核の傘」から抜け出せない現実が立ちふさがるためだ。中沢さんの歯ぎしりする表情が思い浮かぶ。

みんなで「原水爆反対」を訴え、集会を開いたり、デモったりすることも無論大事だ。が、中沢さんはパン一本の独力で、世界中の数多の子供や大人たちに対し、核兵器の惨い非人道性をまざまざと伝えることに成功した。これは、やはり偉業として素直に称えるべき、と感じる。

〈『大法輪』二〇一七年九月号〉

第22章　国際協力

中田正一さん

「生命系こそが地球の救世主となる」

なかた・しょういち（一九〇六～一九九一）

元農林技官・農学博士の海外援助活動リーダー。還暦で退職後、海外協力に意欲的な青年の育成に私財を投じ続けた。風力や水力など自然エネルギーを重視する彼の「風の学校」で学んだ若者約八〇人の過半はアジアやアフリカの途上国で農業関係の技術協力に献身している。

「適正技術」の開発

三〇年余り前、取材を通じて知り合った中田正一氏に私は深く傾倒した。人間的に強く惹かれ、いつか自然に「先生」と呼ぶようになった。取材相手と接触を密にし、師と仰いだのは後にも先にもこの人だけだ。

初めて接触した当時、八〇歳を迎えた氏はアフリカ最大の難民基地ソマリア救援のため五〇

中田正一さん（1980年代、千葉県大多喜町で。朝日新聞社提供）

日間の一人旅に立つ〈記事は一九八六（昭和六一）年一〇月四日付け朝日新聞夕刊〉。隣国エチオピアから流入した八〇万人もの難民が細々と暮らすが、彼らを飢餓から救うカギは食糧自給の確立。その核心は難民農場への灌漑用水の確保にあると知り、現地の実情に見合う水車や風車など自然エネルギーの利用技術を定着させようと目論んでのことだった。

訪問先の国境に近いルーク地方は赤道直下で雨量の少ない荒野。欧米や日本の民間援助団体がソマリア政府や国連機関と協力し、ここに難民定着農場を築こうとしている。農場はディーゼルポンプを備え、近くの川から六㍍ほど水を揚げ、縦横の水路で畑へ灌漑している。前年夏、氏が現地を訪れた時、オイル切れでポンプは止まり、折角の畑の作物はすっかり枯れていた。

ふんだんにある水力・風力など自然のエネルギーを生かす手立てはないか、と考えをめぐらす。川は流れが速く、また、この地方は砂あらしの本場で夜昼なく強風が吹きすさぶ。宿題を抱えて帰国した後、住まい（千葉県大多喜町）の近くに暮らし、風力発電や揚水用の風車の研究・開発で全国的に知られる篤志家・加藤博さんの協力を得て、水車や風車の開発に取り組む。まもなく、水揚げ風車の試作品が完成する。ビニール製三角帆六枚でできた直径三・六メートルの風車が一回転すると手押し式ポンプが一回上下し、その働きで地下水を汲み上げ、微風でも快調に作動する。じきに、揚水用水車が完成。強化プラスチック製の翼八枚を持つ直径一・六メートル、幅一㍍の水車が水の流れで回転し、ポンプを作動させて水を汲み上げる。近くの夷隅川で実験した結果、首尾よく八㍍の揚水に成功した。

中田先生はこの取材時から二〇年ほど前に旧農林省を退職。海外協力に意欲的な農業青年の育成に私財を投じてきた。名付けて「風の学校」。「風」は現行の「石油文明」に対して風力や水力など自然エネルギーを活用する「もう一つの文明」の象徴。クワやカマを使う昔ながらの有機農法を独特の教育法で体得させる。学んだ青年約八〇人の過半は、青年海外協力隊員などとしてアジア・アフリカの途上国で農業関係の技術協力に献身している。

先生は一九〇六（明治三九）年に兵庫県淡路島で生まれ、旧制九州大農学部卒。農林省当時は、主に農業改良普及事業に従事。農業教育の専門家としてアフガニスタンに滞在したり、農業プロジェクトのチーム・リーダーとしてバングラデシュへ派遣された。第三世界の国々の実情に見合う「適正技術」の開発を思い立つのは、バングラ滞在時の実体験からだ。

現地の稲刈りカマは鋼のない軟鉄だけのカマで切れ味が悪い。日本から招いた鍛冶屋さんにカマやクワなど刃物の改良指導をしてもらい、すごく喜ばれた。また、向こうの農民は稲の収穫時に、米と粃（しいな：実の入っていない籾《もみ》）の選り分けに苦労する。日本から手回しの伝統農具・唐箕《とうみ》を送ってもらい、現地の大工さんに作らせたところ飛ぶように売れ、大人気を博す。

先生は「適正技術」について、こう述べる。

――日本のハイテク製品はアジアやアフリカの国々の事情に合わないし、定着しない。ローテクの古い技術の方がぴったり適合する。相手国の事情に合わない不適正な技術を持ち込むことは、技術協力ではなく技術撹乱《かくらん》につながる。

「黄金の三角地帯」での取材

私は中田先生との接触が元で八八（昭和六三）年春、北タイへ一ヵ月余り取材で出かけ、「タイの山から」と題する読み物を朝日新聞夕刊に六回連載（四月四日～一五日付け）した。私が滞在したのはタイ、ミャンマー、ラオス三国の国境にまたがる山岳部で、俗に「黄金の三角地帯」と呼ばれる地域。全世界に出回るアヘンの七割方がこの一帯で生産され、その利権を手にする者は巨万の富を約束されるからだ。

当時、タイにはミャンマーやラオス方面から、山岳民族の人々が集団的に流入。麻薬禍をもたらす不法なケシ栽培の疑いを持たれ、社会問題化していた。この山岳民族の人々のため、「風の学校」北タイ分校の面々が現地に移り住み、献身的に活動。学齢期の子供たち用に寄宿舎を建て勉強の面倒を見ている娘さんや、不潔な生活環境による寄生虫を退治するため便所造りに奔走する青年、退職金を投じて農場を造り山岳民族の青年らにコーヒー栽培の技術移転をもくろむ初老の男性がいた。

現地に入ってすぐ麻薬王クンサーの軍隊とラワ族の軍隊が麻薬取引の勢力争いで衝突し、側杖で村民三人が命を落とす。その数日後、衝突現場近くのタイ最北部のチェンライ県ヒンテック村に私は入った。クンサーの旧本拠地で、タイ政府が多数の警官隊や軍隊で急襲。クンサーは多数の部下を失い、命からがらミャンマー側のシャン州へ逃げた。

高地民族の村々で目にする草ぶき、掘立て小屋式の家々とは様子がまるで違う。堂々とした病院や学校、マーケット……。クンサーの邸宅は自家発電でカラーテレビやビデオに冷房装置付きと語り草だ。街の建物には弾丸の跡が随所に残り、動乱の痕跡を生々しく伝えている。

三角地帯の山岳部での移動は難儀だった。トラックの無蓋《むがい》の荷台に大勢の村人たちと両腕を互いにしっかり組み合って座り込み、凸凹道を何時間も揺られる。バイクの後席に乗せてもらい、海抜数百㍍もの急峻な崖の狭い脇道を目のくらむ思いで通過する。宿の方も負けず劣らず。窓にガラスがなく、吹きっさらしで一晩中寒い思いをしたり。犬と一緒に寝かされ、蚤《のみ》や虱《しらみ》に南京虫か、体のあちこちがかゆいやら痛いやら、気が狂いそうで、一睡もできなかったり。

ヤオ族の村では昼日中、村長の父親がアヘンを火に炙《あぶ》って長煙管で燻《くゆ》らせ、陶然としていた。モン族の村では村長夫人が中毒者。三〇代というのに、老女のように老けて見える。アカ族の村では、村長自身が中毒者だった。つい手が出るのは、焼き畑農業など重労働での極度の疲労をアヘンの鎮静作用で癒《いや》すため、という解説もある。

三角地帯で真顔で語られる小話がある。「国境警備隊などの厳重な警備があるのに、なぜ大量の麻薬が流通するのか?」「答えは、絶対に逮捕されない者（軍隊や政府の要人）がからんでいるから」。

「風のように国境を越えて生きる」

中田先生に話をもどす。彼は日中戦争最中の一九三八（昭和一三）年、実は旧陸軍に召集され、工兵将校として中国各地を四年半も転戦している。戦場では川があれば工兵が架橋せねば、部隊は動けない。進攻作戦では工兵がいつも先頭に立ち、撤退する時は造った橋を壊してしんがりで退くのが常。危険な作業中、すぐ傍らに敵の砲弾が落下し、部下が何人も即死した。作戦の度に死を覚悟するが、不思議に紙一重のところで弾が当たらず身を全うできた、という。

工兵ゆえに、最前線では罪つくりな所業も働く。退却する際は、敵の追撃を阻むため、川にかかる橋に地雷を仕掛けておく。向こうの軍隊が引っかかったなら未だしも、時には付近の村の女子供が誤って犠牲になることもないではなかったらしい。私と二人きりのある時、彼はこう述懐した。

――中国で私は人を殺めているんです。将校斥候として、ある町の偵察に行った。十字路のちょうど角で中国軍のやはり将校斥候とばったり鉢合わせをした。出合いがしらに向こうはピストルを抜き、引き金を引くが、安全弁がかかっていて不発。私は万一を考え軍刀の鯉口《こいぐち》を切ってあったから、間一髪で先に切りつけ、きわどく窮地を逃れた……。

晩年に「神戸新聞」に連載した「わが心の自叙伝」には、こう記されている。

——中国へ入ることは余りにも辛く顔も向けられないし、足を進める気持ちになれない。せめて中国への罪滅ぼしの代わりに東南アジア・アフリカなどの苦しんでいる国々へ協力し、奉仕しよう。それで中国への贖罪《しょくざい》の気持ちを少しでも表すことができれば、と思った。

彼は学生のころから教会へ熱心に通う敬虔《けいけん》なクリスチャンだったが、軍国日本の許ではそんな個人の良心や信条は許されない。兵役を忌避すれば、親や親類縁者にまで累が及ぶ過酷な仕組みだった。ともあれ、こと後半生に関する限り、彼の言行は私には「地の塩」「世の光」さながらに映った。かの「山上の垂訓」を思わす指摘を以下に抜粋する。

——先進工業国こそ地球環境の汚染・変調をもたらした犯人。来たるべき文明は生命系を大切にする農耕文明を基盤とするものでなければならぬ。生命系こそが自然の循環の異常を回復し、修正するための「救世主」となる。工業国は今や農業国から教えを受けねばならぬ立場だ。

——どこの国でも農民や一般庶民は、例外なく人情が篤く良い人ばかりだ。問題があるのは、異常に力を持った一部の人たち。政治的権力者とか、大変な金持ち・武力持ち・土地持ちだ。

私も彼ほどではないにしろ、海外にも多少は出歩いたが、全く同じ感想を持つ。最近の夏場の異常なばかりの暑気や集中豪雨、そしてプラスチックごみによる海洋汚染など地球的な異変を前に、先生（九一年に八五歳で没）が残した言葉をとくと噛み締めずにはいられない。

中田先生の足跡は最晩年の著書『国際協力の新しい風』（岩波新書、九〇年刊）に詳しい。帯に「――パワフルじいさん奮戦記」「風のように国境を越えて生きる心若き老人の軌跡」とある。

先生は生理的には高齢であれ、精神的にはいつまでも若々しかった。前代未聞の新型コロナ禍でお先真っ暗な今、「生命系こそが救世主となる」という先生の言葉がずっしり胸に響く。

〈『大法輪』二〇一九年一一月〉

第23章　若者の自殺

河合隼雄さん

「人間の心の中の自然を守れ」

かわい・はやお（一九二八〜二〇〇七）

「箱庭療法」などで知られるユング派心理療法を日本に確立した人だ。若い人たち相手の悩み事相談に自らよく応じ、青年期における「自殺願望」の心理などに詳しかった。数々の著作でも知られ、現代文明に批判的な立場から独自の日本文化論を展開した。

心を病む人たちとその時代

神奈川県座間市で二〇一七（平成二九）年秋、若い女性ら九人もの殺害、死体遺棄事件が起きた。犯人は自殺願望を抱く被害者にツイッターを介して接近。自殺幇助を口に次々と手にかけ、わずか三ヵ月ほどの間に驚くほど大勢の命を奪った。奸悪な犯行が許せないのは無論だが、うら若い娘たちがそろって自殺を口にするこの国の苦い現実に胸が痛んだ。

河合隼雄さん（1985年撮影、朝日新聞社提供）

反射的に、若者の自殺願望の心理に詳しい臨床心理学者・故河合隼雄さんの存在を思い起こし、古い取材ノートをめくって思い当たる箇所を探った。彼は、こう述べている。

——「死にたい」と言うことでしか「生きたい」気持ちを伝えられない人たちがいる。自殺願望を口にする裏には、「死ぬと言っても見捨てませんか」「死ぬほどの苦しみなんです。分かってくれますか」という強い問いかけがある。

——人間が成長するということは、「死」と「再生」とを繰り返すこと。人間が自己変革する苦しみの中で、自殺を考えたり、死にたいと思ったりするのは、むしろ当然と言ってもいい。

「自殺予告」の背後にある大切なことは、真に信頼し得る、共感を伴う深い人間関係に対する強い希求なんです。

日本の若者の死因の第一位は自殺だ。先進七ヵ国の中で、若者の死因の第一位が自殺なのは日本だけ。この傾向は長らく変わっていず、河合さんの透徹した考察は今もって少しも古びていない。私が河合さんにインタビューしたのは、今から遥か昔の一九八五（昭和六〇）年のこと。奈良市郊外の閑静なご自宅を訪ね、差しで一時間余りいろんなお話を伺った。眼光は鋭いのに、笑うと人好きのする愛嬌たっぷりの笑みがこぼれる。当時の記事（一九八五年六月五日付け夕刊）の核心はこうだ。

――「現代は、物質文明のものすごい進歩に、精神文明のテンポがとてもおっつかん難儀な時代。心身症にかからずに生きていくには、外界の自然と同様、人間の心の中の自然も守れ、と言いたいな」と京大教授河合隼雄はいう。ユング派分析心理学を修めた精神分析家として、心を病む人たちを相手に数多くの臨床経験を積む。その結果、心を病む人たちの精神の深層に、病んだ時代の影が色濃くさしていることをつきとめる。――

彼は日本の家庭内における家族関係崩壊の事情について、諄《じゅん》々と説いた。戦前までは厳然として存在した「イエ（家名）」制度は敗戦後、占領軍の手であっさり廃止される。男たちは自由になったが、アイデンティティを見失い、会社などに「代理イエ」を見つけて心の支えにする。

戦前は祖父母や叔父母ら眷属ぐるみの「イエ集団」で行っていた育児の仕事は、全て若い夫婦のみに任される。夫は「代理イエ」に逃れ、育児は「教育ママ」の一手に委ねられる。

多くの母親は偏差値信仰が強く、子どもを「いい学校」に入れて、「早く答の書ける出来のいい」子に育て上げようとする。しかし、まるで養鶏のように子どもを育てようとすると、子の方は自分が操作されているように感じて反発し、時には無茶苦茶をやりたくなる。不登校のある女子中学生は、母親が寝ようとする枕元で足を踏み鳴らし、「私がこんなに苦しんでいるのに」と訴えた、という。河合さんは言った。

――（相談相手と）面接すると、（しんどくて）フラフラになる。個々人の心の問題を解きほぐしていくと、決まって社会的な問題が入ってくる。どこそこの家が悪い、と一口で片付けられない。

――心身症とか、家庭内暴力とか、病んでるから結果が出る。心の中の緑地帯オアシスが荒らされてる。目には見えん話やけど、結果は出てる。臨教審なんかいじっても、うまくいきません。

日本人初のユング派精神分析家として

河合隼雄（敬称略）は一九二八（昭和三）年、兵庫県篠山市の歯科医の家に男ばかり七人兄弟の五男に生まれた。周囲を山に囲まれた牧歌的な環境で伸び伸びと育つ。生来感じやすく泣き虫だったが、人の心を見透かす能力に長け、母親が「この子は怖い」とつぶやいた、という。三男・雅雄は「サル学」の世界的権威として知られる京大霊長類研究所元所長。

河合は京大理学部数学科を卒業後、奈良の私立高校の数学科教師を三年勤める。「日本一の高校教師を目指した」そうだが、生徒たちから度々悩み事の相談を受け、気が変わる。京大の大学院に入り直し、臨床心理学を学び始める。精神病かそうでないか、病的反応の判別に役立つロールシャッハ・テストに注目。その道の権威、米国のクロッパー博士と直接文通を交わしたのが縁で、五九（昭和三四）年、博士が勤めるカリフォルニア大ロサンゼルス校（UCLA）にフルブライト奨学生として留学する。

慣れぬ英語の授業に四苦八苦しながらも、数学科出身の自らの科学主義を心頼みに指導教授らに対し厳しい質問を遠慮なく連発し、見どころのある学生として目をかけられる。在学二年、心理療法の専門家になるための教育分析を受けるよう勧められ、テストを一〇回ほど受ける。資質を見込まれ、クロッパー博士らの推薦を受けて六二年にチューリヒのユング研究所に留学。マイヤー博士らに師事し、現地の高校生らを相手に心理療法の臨床体験も積み重ね、首尾よく日本人初のユング派精神分析家の資格を得る。

帰国後、河合は京大などで教鞭をとる傍ら、心理療法の専門家として数々の臨床体験を重ねる。その経験から多くの心理療法士育成の必要性を痛感し、日本心理療法学会を設立して理事長を務め、臨床心理士制度やスクール・カウンセラー制度の確立に尽くす。非言語的な表現が多い日本人向きではと考え、遊戯的な心理療法の一つ「箱庭療法」の導入にも動いた。

三〇代後半のころから、鎌倉時代の仏僧・明恵の『夢の記』と取り組む。上人が一九歳の時から約四〇年にわたって見た数々の夢の内容を綴る日記だ。河合はその夢の一つ一つをていねいに読み解き、その深層心理の奥深くへ分け入ろうと試み、八七年の労作『明恵　夢を生きる』（京都松柏社）は新潮学芸賞を受ける。河合は言う。「明恵上人は霊・肉いずれにも傾かず、女性を正面から見据えた理解者。（その意味で）日本人には稀な優れた人物です」

河合はユング派の心理療法を度々試みるうち、日本人の心の在りようは欧米人とは異なるのでは、と疑問を抱く。日本人全体の心の深層構造を知りたくなり、日本の昔話や神話などの読み解きに向かう。鶴が女性に化身して男に求婚する「鶴女房」（木下順二の『夕鶴』の原作）をはじめ、蛇や魚・鳥獣など「異類女房」の御伽噺《おとぎばなし》が多いが、西洋にはこの手の話は全くない。その辺りに、日本人特有の母権的意識が潜んでいる、と考察。八二年の『昔話と日本人の心』（岩波書店）は大佛次郎賞を受けた。

どう人間回復を図るかが大切

実験心理学が主流だった西欧では、ユング心理学は長らく傍流視され、フロイト以上にまやかし扱いされてきた。潮目が変わるのは七〇年代。工業社会の行き過ぎによる環境破壊や地球温暖化が問題視され、物質万能の科学信仰が崩れ始める。アメリカではベトナム戦争の実質的敗北のショックや帰還兵の心の病の問題も重なった。心理療法を説くユング心理学の見直しが始まり、ユング療法家の河合にも海外から講演依頼が相次ぐ。

――欧米の人たちが僕の話を聞きたがるなんて、考えられへんかった。講演して、まさか金までもらうとは。でも、よく考えてみれば、先方は男性原理で、こっちは女性原理。日本は男性原理が弱い分、犯罪は少ない。文化の原理が違うだけで対等なんだ、と思えるようになった。

そして、彼はこうも説く。父性原理は個人を混沌状態から切り離し、個の独立・競争を促す。母性原理の強過ぎる日本社会では、それに伴う心理的障害が生じる。日本には本当の意味での女性らしい女性は存在せず、真の男性も不在。居るのは、「お母ちゃん」と「坊や」だけ。だが、日本的なそんな母性原理が見直され、エゴ対立の行き詰まりを打開するカギになるかも、と期待されている。

河合が心理療法の師と仰いだユングは一八七五（明治八）年にスイスの片田舎に生まれ、彼がスイスに留学する前年の一九六一（昭和三六）年まで存命した。青年期にゲーテやニーチェの著作に触れ、心理学を志す。ユングは、心の病は無意識領域の力が意識面にあふれ出ることによって起こる、と考えた。人間の無意識の深層構造を探り出そうと、文献研究だけでなく、アフリカ原住民やアメリカ・インディアンと生活を共にする。人間の精神面の不可解さを悟り、透視やテレパシーなど超常現象の存在を確信する、とさえ公言した。

本題の河合さんに戻る。現代文明に批判的な立場から独自の日本文化論を展開し、『母性社会日本の病理』『中空構造日本の深層』『日本人の心のゆくえ』『「日本人」という病』などを次々と著し、全著作は九〇冊余。NHK放送文化賞や朝日賞などを受け、文化功労者として表彰される。二〇〇二（平成一四）年には文化庁長官に就任。民間人としては今日出海・三浦朱門に続く三人目だった。

インタビューのおしまいごろ、河合さんは考え考え、こう言った。

――今は難しい時代や。電子機器にしても、造ってる人はいいが、使われる方はたまらん。そういう滔々《とう》たる流れの中で、心身症にならん生き方があるか、それを考えんとならん。

――でも、ジャンボ機はやっぱり便利。我々は近代文明を受け入れて生きている。それは否定せず、それに克つものを作らんといかんから、しんどいし、なかなか難しい。

――どう人間回復を図るかが、すごい大切。全システムを考えんとならん中で、あるシステムだけ無茶苦茶に進んでる。ここは、地球的に考えんとならん。

河合さんは二〇〇七（平成一九）年、脳梗塞《こうそく》のため七九歳で亡くなった。包容力のある人間的温かみを感じさせる人柄だった。数多くの若者たちが彼を相談相手にやりとりする中で、生きていく上での精神的な糧や貴重なヒントをいっぱいもらったに違いない。

〈『大法輪』二〇一八年五月号〉

藤沢周平さん

「成功しない人間にこそ真実がある」

ふじさわ・しゅうへい（一九二七〜一九九七）

小説づくりの達者で、文章は真に柔軟かつ端正。史実に基づく歴史小説や伝記小説をはじめ、変化に富む筋立てで面白い内容の時代小説を数多く著した。支持するファンが大勢いる人気作家だが、なかなかの反骨心の持ち主で、「権力というのは油断ならない」と説いた。

妻との死別

私が最も愛する日本の作家はこの人だ。例えば、長編小説『蝉《せみ》しぐれ』の出だし。一幅の風景画を思わす情景が端正でしなやかな筆づかいで綴られ、そこはかとない情感をかもす。文体の趣は、西欧の現代作家さえ連想させる。筋立ては恋愛劇と復讐劇のドラマ性を秘めて起伏に富み、読む者をすっかりとりこにする。

藤沢周平さん（1982年撮影、朝日新聞社提供）

今から随分昔の一九八二（昭和五七）年、私は藤沢さんを取材している。東京・練馬区大泉学園の閑静なご自宅を訪ね、差しで二時間近くお話をうかがった。当時の朝日新聞夕刊一面の連載読み物「新人国記'82山形県③」の該当記事（一〇月一五日付け）を引くと、

――山形県ゆかりの歴史上の人物というと、なぜか悲運の影がつきまとう。徳川家康相手の天下分け目の大勝負にツキが回らなかった上杉方宿将、直江兼続。せっかくの才気を非業の死であだにした維新の志士、清河八郎。維新の世に入れられず逆徒として処刑された熱血詩人、雲井竜雄……。

鶴岡市出身の作家・藤沢周平は、三人の人生に心ひかれ、めいめいを主人公に長編歴史小説を書く。「成功しない人間にこそ真実があり、物語があります。中央から絶えず圧迫され、風雪を忍び、日の当たることの少ない裏日本の風土への共感かもしれない」

挫折の思いは、自ら味わっている。教員を天職と志し、山形師範を出て教壇に立つなり結核で倒れ、貴重な二〇代に療養生活五年。人生のコースを狂わされ、食わんがために業界紙の記者に。下積みの世界で、人間の悲しさや弱さを知る。が、この屈折の時代に遊びの効用を悟り、

男女の愛の機微に目を開き、人生観は大きく変わる。三〇代半ばで時代小説を書き出し、四五歳で直木賞受賞。人間の暗い情念、しっとりとした情愛の世界を、端正な筆遣いで抒情的に描く。史実にとらわれぬ物語では、主人公は市井の名もない庶民か、侍であっても「はみ出し者」や「日陰者」が多い。「いつの世でも、権力というのは油断ならない。信用できるのは、普通の人間です」――

私は大事なことを一つ書き落とした。彼が創作を志さずにはいられなかった経緯だ。彼は三〇代半ばに、八つ齢下の最初の妻と死別している。進行が早く治療不能な癌で、発病から半年と保たなかった。結婚生活わずか四年、発病直前には長女を出産。同郷の縁で結ばれ、共働きで慎ましい幸せを味わう最中の突然の悲劇だ。藤沢さんは思い返す。

――人の世の不公平に対する憤怒とやり場のない無念さに苛《さいな》まれました。

郷里から老母に来てもらい、乳飲み子をかかえて苦闘。鬱屈を晴らすすべを、文章表現に求めた。雑誌『オール読物』の懸賞に応募を重ねて七年、短編小説『溟《くら》い海』が新人賞を受け、文壇へデビュー。主人公の浮世絵師・葛飾北斎が晩年に落ち目になり、『東海道五十三次』を描いて売り出し中の安藤広重に嫉妬めく敵意を抱き、ごろつきを雇って襲撃を企てる物語だ。

――執筆の動機が暗いから、作品も暗くなる。北斎の姿は私の自画像に近く、時代小説の形を借りた私小説と言ってもいい。

二年後に直木賞を受けた短編『暗殺の年輪』をはじめ、当時の作品はみんな内容が暗い。男女の愛は別離で終わり、武士は死んで物語が閉じ、ハッピーエンドの筋立ては見当たらない。が、度重なる執筆はカタルシスをもたらし、胸中は現実容認へと段々傾いていく。私生活でも再婚を果たし、安定した暮らしを手にしていた。

架空の小藩「海坂藩」

七六年に発表した『用心棒日月記』あたりから作品がぐんと明るくなり、ユーモラスな感じも出てくる。明るい爽《さわ》やかな作風によって読者の心を癒《い》やす作家として、確固とした地位を築いていく。円熟期を迎えた一〇年後には前述の代表作『蝉しぐれ』を執筆するなど四半世紀に及ぶ作家生活を通じ、武家物や市井物に歴史小説など長編約四〇、短編約一五〇余を著す。

八六年に長塚節の伝記小説『白き瓶《かめ》』で吉川英治文学賞、八九年に「時代小説に新境地を拓いた」として菊池寛賞、九〇年に小説『市塵《じん》』で芸術選奨文部大臣賞、九四年に「時代小説の完成」として朝日賞、九五年に紫綬褒章を受けている。藤沢さんが九七年に亡くなった時、同郷・山形県庄内地方の出身で同年配の芥川賞作家・丸谷才一氏は弔辞の中で、こう称えた。

――明治・大正・昭和を通じ並ぶ者のない文章の名手。言葉の使い方は作中の人物の剣豪たちの剣の使い方のように小気味がよく、しゃれていた、粋でいて着実だった。

私も全く同感だ。

藤沢さんの没後しばらくして、『蝉しぐれ』がＮＨＫ金曜時代劇としてドラマ化され放映された。主人公の海坂藩（東北の架空の小藩）剣士・牧文四郎は内野聖陽、恋人・ふくを水野真紀が好演し、実に見ごたえがあった。原作の著述時期が前記のインタビュー後だったせいもあり、私はこの著作の存在にしばらく気づかずにいた。早速、文庫本を読みふけり、映像版とは異なる文章世界の格別な味わいにすっかり魅了された。出だしに、しっとりとしたこんな描写がある。

――いちめんの青い田圃《たんぼ》は早春の日射しをうけて赤らんでいるが、はるか遠くの青黒い村落の森と接するあたりには、まだ夜の名残の霧が残っていた。じっと動かない霧も、朝の光をうけてかすかに赤らんで見える。そしてこの早い時刻に、もう田圃を見回っている人間がいた。黒い人影は膝《ひざ》の上あたりまで稲に埋もれながら、ゆっくり遠ざかって行く。

東北の小藩・海坂藩の下級武士・牧助左衛門の一子・文四郎は一〇代半ば。隣家の三つ年下の少女ふくの存在が気にかかってならない。ふくは色白で少々内気な気立ての良い娘だ。二人は互いに憎からず思い合うが、封建の世の定め、ふくは藩江戸屋敷の奥勤めを言いつかり別れ別れになる。

数年がたち、藩主の側室として赤子をもうけた「お福の方」が帰郷する。藩主の跡目争いが絡むお家騒動が勃発。陰険な家老・里村佐内が母子の抹殺を図る。人一倍の修行、精進により秘剣・村雨の極意を受けた剣士・文四郎が立ちはだかり、母子を救出。悪家老一派は破滅する。

巻末、藩主が死去し、お福の方は出家を決意する。今は郡奉行の身の文四郎改め牧助左衛門に、再会を請う一通の封書が届く。対面した四〇過ぎの女人は、優雅な気品の内に一点大胆な気性を秘めていた。しめやかなやりとりの後、お福の方は助左衛門の腕に身を投げかけていき、二人は抱き合う。束の間の逢瀬《おうせ》での二人の心事が抑制の効いた美しい文体で綴られ、胸を打つ。帰路、助左衛門は少女の頃のふくを思い浮かべ、お福さまとの再会はもはやあるまいと思う。

この『蝉しぐれ』をはじめ『三屋清左衛門残日録』など氏の「士道もの」の多くは、東北の架空の小藩「海坂藩」が舞台だ。西方は日本海、残り三方を高い山並みに囲まれ、風光明媚。清流と豊かな木立に恵まれる城下町は、藤沢さんの故郷・山形県鶴岡市を措《お》いてない。この海坂藩のイメージが慕わしく、同様に大ファンの連れ合いを誘い、私は一〇余年前マイカーを駆り、現地探訪を試みた。

「権力というのは油断ならない」

まず、生家があった旧黄金村（現鶴岡市）高坂地区へ。市街地から南西へ三キロ近く離れる田園地帯で、地域を青竜寺川が貫流。旧家の縁筋で敷地三百坪、樹木が十数種あったという実家は長兄の代に破産し、区画整理を経て空き地化していて、いささかがっかり。彼が一〇代半ばの頃しばらく勤めた旧村役場の面影を留める現「黄金コミュニティセンター」に立ち寄り、往時のゆかりを偲ぶ。

次いで北西へ山一つ隔てた隣の同市湯田川地区へ。その昔の彼の奉職先・湯田川中学は姿を消したが、同じ場所に残る湯田川小学校の正門脇に彼の「半生の記」の一節を刻む小振りな「藤沢周平文学碑」があり、人目を惹く。

結核発病で辞職するまで学級担任を二年間務め、生徒たちの面倒をよく見た。直木賞受賞を知った当時の教え子たちが旧師を慕って、交りが復活。年に一回都内で会合を持ち、かつての女生徒が不幸せな身の上を打ち明けると、手を取り合って共に涙した。そんな経過ゆえ師の没後に澎湃《ほうはい》として記念碑の建立話が起き、かなりのカンパが集まった、と聞く。

いよいよ、海坂藩本拠たる鶴岡市街へ。武士たちが修養に励んだ藩校・致道館を訪ね、由緒ある鶴岡天満宮・春日神社・善宝寺に立ち寄る。城址《じょうし》がある鶴岡公園の脇を流れる内川（作中の五間川）のほとりを散策。「ふく」に手伝ってもらい、「文四郎」が無念の死を遂げた父の遺骸を乗せる荷車を喘《あえ》ぎ喘ぎ引くハイライト場面を想起し、それと思しき坂道の見当をつける。

宿は市内のビジネスホテルを予約し、夕食は近場の小料理屋を利用した。前記した『三屋清左衛門』物にあるように、米どころの庄内地方は上質の地酒を産し、日本海から揚がる身の締まった魚介類をはじめ珍しい山菜や地野菜など旨い肴《さかな》で知られる。イケる口の連れ合い共々、当夜は酒・料理とも申し分なく、ゆっくり一夕を堪能《たんのう》した。海坂藩の世界に心惹かれるのは、発病ゆえに父祖の地を去らざるを得なかった藤沢さんの強い望郷の念が読む側にもきっと感染するせいだろう。

氏は一九九七（平成九）年、肝不全のため六九歳で亡くなった。絶筆となった歴史小説『漆の実のみのる国』は、江戸中期に破局に瀕《ひん》した米沢藩の財政再建に努める藩主・上杉鷹山が主人公だ。彼は自ら食事は一汁一菜、衣は木綿着と範を示し、質素倹約を徹底した。執筆時の九〇年代半ば、日本はバブル経済がはじけ各企業はリストラ、社員の締め付けを強め、過労死が問題化する。反発した氏は、低成長の時代の堅実経営へのお手本を鷹山に求めようとした。

鷹山はまた、「国家は人民のためにあるもので、君主が自由にできるものではない」と君主専制を厳しく戒めた。有能な権臣でも、驕《おご》りが見え私曲を図る咎《とが》があれば、容赦なく処断した。「権力というのは油断ならない」と藤沢さんは説いた。現下の安倍政権の在りよう、「もり」「かけ」「桜を見る会」などをめぐる様々の疑惑と誠意を欠く不誠実な対応に対し、泉下で必ずや強い怒りを覚えているに違いない。

〈『大法輪』二〇一八年三月号〉

西沢潤一さん

「革新技術は社会に対するインパクトが大きい」

にしざわ・じゅんいち（一九二六〜二〇一八）

光通信の発案をはじめ高性能のトランジスタや発光ダイオードなどの優れた発明で、日本の半導体研究をリードしてきた独創性に富む工学者だ。学界の通説と衝突、異端視されて不遇な時期もあったが、ファイトと実力で道を切り開く。「工学こそ日本の立国の基礎」と説いた。

ただならぬ風貌

もう四〇年近くも以前になる。朝日新聞の一九八二（昭和五七）年二月五日付けの夕刊紙面に、私は半導体工学者・西沢潤一氏の業績を概略こう紹介している。

——東北大電気通信研究所教授で、静電誘導トランジスタ、光ファイバーなど半導体や光通信の分野での世界的な発明、開発で知られるのが西沢潤一。最近の発明の一つに高輝度、高効

西澤潤一さん（1997年7月29日撮影、朝日新聞社提供）

率の発光ダイオードがある。白昼の太陽光線の下で十分見える半導体製品の小光源で、すでに赤、緑、黄色光の三種を開発ずみ。例えば、数百個の発光ダイオードを束ね、現在の電球の代わりに交通信号灯として使うと、消費電力は電球のざっと百分の一。東北各県では交通信号灯に使う電力が、総電力消費量の数パーセントにも上る。広告灯などへの応用も可能なので、発光ダイオードが実用化された時の電力削減、省資源による社会的波及効果は大きい。

「革新技術は、社会に対するインパクトが大きいんです。日本の科学にも独創的な芽は十分あるのだから、それをちゃんと育てていく社会的な体制が早くできてほしい」――

この一文が活字になった翌日、築地の朝日新聞東京本社に詰める私あてに一本の電話が入った。壮年の男性の声で、当の文面で発光ダイオードの実用化に企業家として関心がわき、西沢先生に直接お話を承りたいので仲介してもらえまいか、という依頼である。住所・氏名をちゃんと名乗り、きちんとした話ぶりから、私は取り次いでもよかろうと判断。仙台の東北大電通研・西沢教授室へ電話を入れ、応対に出た女性に委細を告げて対処方をよろしく、と頼んだ。

それから数日後、西沢先生から「朝日」本社社会部の私あてに速達便の小包が届き、中身は松島産の生牡蠣《かき》である。過日の返礼と知ってご丁重ぶりに恐縮し、ご厚意をありがたく頂戴することにした。その生牡蠣を肴にする当夜の一杯は格別に美味かった。ほろ酔い機嫌の私はお礼を言上すべく、小包便に記された先生のご自宅へお礼の電話を入れた。当夜は酒が気持ちよく進んで深酔いしてしまい、会話の内容はまるで記憶がない。

西沢先生はそんな私を面白いやつと思われてか、当時刊行されたばかりのご著書『闘う独創技術』（日刊工業新聞社）を手渡したいから、と上京した際に会おうと提案された。それからまもなく、羽田空港ロビーで再会がかない、小一時間ほど対話した。その折、改めて感じたのが風貌の立派なこと。眼光炯炯《けいけい》として鼻がぐんと高く、一見してただものではない。そして、語気の端々から、東北人らしい生まじめで一本気なお人柄をしかと感じとった。

西沢（敬称略）は東北大工学部教授・西沢恭助の長男として仙台に生まれた。生まれつき体が弱く、少年の頃は「怠け者の夢想家で、よく劣等感にさいなまれた」という。旧制の仙台二中〜二高を経て、敗戦の年の一九四五（昭和二〇）年に父と同じ道の東北大工学部へ進む。戦中・戦後の混乱期にぶつかり、勤労動員や食糧買い出しに追われ、高校〜大学では勉学は十分にはできなかった。

二高当時は、キルケゴールの『死に至る病』やニーチェの『ツァラトゥストラはかく語りき』などの哲学書を読みふける。大学ではフランス映画に熱を上げ、ルネ・クレールの「巴里祭」「巴里の屋根の下」などを見まくった。「フランス流のウイットが利き、どの画面も美しかった」と回想している。二高の頃に買い込んだ本を売り払っては映画代に充てていた、とか。

「出る杭《くい》は打たれる」

東北大工学部卒業後、電気通信工学者として知られる渡辺寧教授の下で大学院課程特別研究生として教えを受ける。同課程三年目の五〇（昭和二五）年、整流器や検波器などに使用される半導体ダイオードの研究を進める中で、極めて優れた整流特性を示す「ｐｉｎダイオード」や「ｐｉｎｐトランジスタ」のアイデアを弱冠二四歳でまとめる。

その当時では信じられないほど高い特性を持つ半導体の誕生を意味し、この二つの発明は、その後の半導体工業分野の発展に大きく貢献する。当時の半導体ダイオードやトランジスタは、小さな電力しか取り扱えなかったし、周波数もたかだか音響領域どまりと信じられていた。だが、西沢の発明は当時の常識を突き破り、取り扱える電力範囲と周波数範囲を一挙に数桁《けた》にわたって拡大する画期的なものだった。彼はとことん実験を重視した。戦後まもない時期ゆえ、実験設備は貧困だし、研究試料も入手難という恵まれない条件下での独創的な発明発見である。

が、「出る杭は打たれる」習いは学界も同様。ｐｉｎダイオードの実験結果を物理学会で発表すると、米国崇拝色の強い学界の大勢は向こうの通説などを盾に拒否反応を示す。田舎の若輩視し、「そんなこと、あるわけない」と頭から批判する。学会誌に論文を出しても査読委員会に引っかかり、掲載までに二年もかかるありさま。

そんな空気が影響してか、渡辺寧主任教授との不幸な関係に発展する。これぞと信ずる諸論文が一顧だにされず、教授の机の上に三年間も店晒《たなざら》しにされた。論文の一つは、彼の提出時期より三年遅れで向こうの学者が『米国物理学会誌』に大々的に発表した内容とほぼ一致していた。この事は、前記した取材の際にも彼の口から直接聞いた。むざむざ三年間も放置しておくとはなんて酷い、と私は義憤にかられ、「なぜでしょうか？」と尋ねた。彼は憮然《ぶぜん》として答えた。

——日本人に、そんな独創的な発見などできるわけない、と思い込んでいたからでしょう。私は焦燥感と無念さで夜も眠れず、気が狂いそうになった。ベートベンの交響曲などクラシック音楽のレコードを繰り返し聴き、ひたすら気持ちを静めるように努めました。

彼は絵画も好きで、ルオーがご贔屓《ひいき》。画面に滲む懊悩《おうのう》が当時の精神状態と重なり、鑑賞が癒《いや》しにつながったらしい。後年、パリの美術館でルオーの作品「睡蓮《すいれん》」が逆さまに展示されているのを発見、館側に通知して『ル・モンド』紙に報道された逸話はよく知られる。

ちなみに、渡辺寧教授は茨城県出身で東大工学部卒。東北大では外様に当たり、なまじ中央の空気に通じるだけに、西沢の扱いに微妙に影響したのかも。だが茨《いばら》の時期を過ぎ、五二年に工学部助手となり、翌年には二七歳の若さで一躍助教授に抜擢《ばってき》される。先輩の助手一一人をごぼう抜きする異例の昇進人事だった。その卓越した能力と研究への熱意を師の渡辺がやはり認めていたからだろう。

二年前のｐｉｎダイオードの発明に話をもどす。彼の発明より一八日遅れてアメリカのゼネラル・エレクトリック社（ＧＥ）のロバート・ホールが同種の特許を出願。シリコン整流器が使われ始めて五年後の五五（昭和三〇）年、日本の各社は競ってＧＥと契約し始める。西沢は自分の方が早く特許を取っているからＧＥと契約する必要はないと各メーカーに連絡する。外貨審議会が動き出し、ＧＥとの特許契約なしでｐｉｎダイオードの生産が日本でも可能になるという一幕もあった。

独創性を引き出すために

西沢への風当たりが決定的に変わるのは、静電誘導トランジスタ（ＳＩＴ）の発明に対する七四（昭和四九）年の日本学士院賞の授与であろう。大電流に耐えるＳＩＴは動作速度が速くて消費電力が少なく、九九％以上の高効率の電力交換を実現する理想的な素子として、直流の電流送電から音響に至るまで幅広い需要が見込まれた。学者連中も学士院という権威には弱かった。

翌年、ＳＩＴの原理をサイリスタ（半導体製の電気スイッチ）に使う論文を米国の学会誌に発表。この装置はｐｉｎダイオードなどに並んで九九％以上の高効率を誇る画期的な性能を持つ。ＧＥやベル研究所から照会があり、米国電力研究所からは「電力の安定供給化に使いたい」と相談があった。カナダ東海岸の滝を利用して水力発電を行ってニューヨークまで直流送電し、近郊で交流に変換して供給しようとの目論見だ。

いま主流の交流送電は、発電所から長くても三百キロ程度しか送ることができない。SIT を使えば、一万キロを超す超長距離の直流送電が可能となり、電力損失もほとんどない。発電所から世界中に送電が可能になり、遠くにあって未利用の水力発電能力だけで世界の全電力需要を原理的にはまかなえる。そうなれば、火力発電による炭酸ガス放出、地球温暖化の危険や原発などへの依存度も低下するはずで、めでたい限りと素人には思える。

西沢は米国で電子工学関係の特許を一四も取り、八三年に固体電子工学のノーベル賞とされるモートン賞を、そして二〇〇〇年には米国電気電子学会が出す電子工学部門の最高章エジソン・メダルを日本人として初めて受けた。国内では八〇年に大河内記念技術賞、八五年「光通信と半導体の研究」で朝日賞を受賞。八三年に文化功労者に、八九年には文化勲章に輝く。九〇年に東北大学長に就いた後、岩手県立大学長や首都大学東京学長も歴任している。

が、私は引っかかる。二〇一四（平成二六）年には青色発光ダイオード（LED）を発明した功績で中村修二教授ら三氏がノーベル物理学賞を受賞している。独りで赤・黄・緑と三色ものLEDを発明し、「ミスター半導体」「光通信の父」と称えられる西沢氏がなぜ受賞しないのか、素人考えでは不思議だ。

長い研究人生を基に、氏はこう提言している。

――独創的な仕事というのは、確実に個人の資質に依存する。逆に言えば、資質を持った人にしか独創的な仕事はできない。暗記主義の教育から若者たちを解放し、理解を中心とした教育をして、独創性を引き出すようにしてやるのが大人たちの務めだ。

――真の工学とは、自然現象を有効利用し人間の役に立つようにする学問。人間が生きていくには否が応でも自然破壊を伴うが、それを最小限にするための学問と言ってもいい。美しい自然と大切な資源を子々孫々に残しておくためにも工学は振興しないといけない。

西沢先生は二〇一八（平成三〇）年、九二歳で亡くなった。私は先生のほろ苦い述懐に接し、科学の方面においても日本人のいじましさ、情けなさが存在することを知った。その提言にある「独創性を引き出す」よう、斯界のリーダーに次代の牽引役を然るべくお願いしたい。

〈『大法輪』二〇一七年四月号〉

第26章　児童教育

灰谷健次郎さん

「子どもが一番かわいそうや」

はいたに・けんじろう（一九三四〜二〇〇六）

小学校教員当時の実体験に即した児童文学作品がミリオン・セラーとなり、一躍人気作家の座へ。教員のころは「偏向教師」とにらまれ、疎外されて失職へ追い込まれた。真の児童教育の在り方をめぐり、彼が提起した課題は今日もなお生き続け、我々を深く考え込ませる。

「偏向教師」とにらまれ

その昔、取材でお会いしたこの人の一言が忘れられない。「今の学校現場は人間的な教師ほど務まらない仕組みになってる。子どもが一番かわいそうや」。その横顔を手早く紹介するため、一九八五（昭和六〇）年に私が朝日新聞に記した記事（五月二五日付け夕刊）を引く。

――子供向けに書かれた本に大人の読者が胸を熱くし、人間とは何なのかと深く考え込む。

灰谷健次郎さん（1996年1月25日撮影、東京・新宿区の自宅で。朝日新聞社提供）

児童文学作家灰谷健次郎の作品が、静かなブームとなって一〇年。長編『兎の眼』は百数十万部、『太陽の子』は百万部近く売れ、日本児童文学新人賞、第一回路傍の石文学賞、国際アンデルセン賞（特別優良作）などを受けた。灰谷文学を卒論のテーマに選ぶ大学生が増え、講演には愛読者の主婦や若者が長い列をつくる。

灰谷は神戸市の生まれ。家が貧しく、働きながら定時制高校に通い、大阪学芸大を出て神戸市内の小学校教員になる。三七歳で退職するまでのその教員体験が、ベストセラー『兎の眼』に結晶する。さげすまれやすい底辺の子、知恵遅れの子をめぐって起こる学校騒動。二人を排斥する側へ回るＰＴＡの母親たちと大半の教師たち。偏見を乗り越えて二人と手をつなぐ学級の子供たちと一部の教師。「ドキュメントといっていい作品です。今の学校現場は、人間的な教師ほど務まらない仕組みになってる。子供が一番かわいそうや」

生きる姿勢と執筆の姿勢との一致を願い、五年前から淡路島の山中で自給自足の生活を送っている。「時世に危機意識を持たん作家は、作家やない。しんどい道やけど、あきらめません」

実は、灰谷さんの述懐の中で一番印象的だったくだりを私は記事にしていない。「(在勤一七年で退職するころ)私は普通だったら教頭寸前のはずが、学校の大時計が狂うと、直す役だけ。上から完全に干されていた」という痛ましい告白だ。教職に就いて三年目の年に起きた勤評闘争に参加して以来、彼は「偏向教師」とにらまれ、いわばずっとイジメに遭ってきた。いじめられっ子の問題は他人ごとではなかった、とも言えよう。

灰谷さんは教員生活の傍ら詩や小説を書き、児童詩誌『きりん』の編集を手伝った。「わたしの聖書は子どもの詩だった」と述懐している。たとえば、幼稚園に通う五つの男児の作『ゆき』は「ふくのうえにとまって／なかにかくれて／ねてしもた」。同じく五つの女児の『かみさま』は「かみさま／とばれるのですか／あるくのですか／くつはありますか」。確かに、大人をふっと考え込ませる不思議な魅力がある。

一七年勤めた小学校から弾き出された後、傷心を癒やそうと沖縄へ旅をする。石垣島では、気のふれた老女が家出し独り歩きしているのを八〇人もの集落の人々が総出で探し回るのを目撃する。崖地などから転落するのを気遣うあまりだが、「本土では有り得ない。心を病んだ人を差別しない、隔離したりしない、人々の心の優しさを尊く感じた」。波照間島では、豊年祭にちょうど出逢《あ》う。お年寄りと子どもたちをはじめ、この地にいる生きものたちのあらゆる魂が寄り添い、お祭りに参加している。「これこそ沖縄の心だ、と知りました」。

沖縄や東南アジアへの長い旅から戻った後、机にかじりつき、たった三か月で長編小説『兎の眼』（理論社）を書き上げる。「内容はほとんどドキュメンタリー」だそうだが、「事実は小説よりも奇なり」。筋立ては起伏に富み、実に面白い。

沖縄戦の体験をした兄

神戸市内の塵芥処理場の隣に建つ小学校が物語の舞台だ。この処理場で働く人たちが住む長屋から通うのが小学一年の男児・鉄三。ほとんど口をきかず、「う」とか「ん」だけで、知恵遅れではと思われているが、処理場に群がるハエをペットのように可愛がる。担任の若い女性教師の親身な指導もあって、鉄三は根気よくハエの生態を系統的に調べ上げ、「ハエ博士」の域に達する。地元のハム工場のハエ退治に活躍し、新聞に「六歳のハエ博士、おとな顔負けの業績」と大きく報道される。

鉄三たちの学級に二学期、養護学校に入るまでの一か月だけという期限付きでちょっと変わった女児が入ってくる。意味不明のおしゃべりをし、席を立ってうろうろし、おしっこの我慢ができない。給食は手づかみで食べ、熱いものは投げ捨てるから、そばの子はたまらない。教室からぷいと出て行ってしまうこともあり、目が離せない。子どもたちから訴えを耳にした父兄たちが騒ぎ出し、女児を預かることの是非が問題化する。

女性教師が窮地に立たされているのを知ってか、児童たちが名案を思い付く。男女一人ずつの日替わり当番を決め、掛かり切りで女児の世話をやくことにしたのだ。女児がふらっと表に出れば、それっとばかり付いて出る。何日かして、かの鉄三が当番の日、一大事が起こる。女児が運動場に迷い込み、五年生のサッカーの邪魔をしてしまう。つまみ出そうとする男性教師の腕に鉄三がかみつき、怒った教師が二、三発殴ったことから、事態が紛糾。灰谷自身を思わせる少々無頼がかった男性教師が女児側に立ち、分からず屋の教頭と殴り合うなど、校内を二分しての大騒動に発展する。

事後の職員会議で、無頼派の男性教師は「世間では知恵遅れの人を障碍者《しょうがいしゃ》と呼ぶが、心に悩みを持っているのが人間なら、我々も同じく障碍者のはず」と発言し、場はシーンと静まり返る。学級の児童たちは交代で女児を一か月間守り切り、無事に別れの日を迎える。読み進むうち、私は度々胸が熱くなり、涙をこらえられなかった。

主役の女性教師の設定だけは架空で、実際は全て灰谷さん自身にまつわる出来事だったらしい。登校拒否を起こしている娘さんや自殺しかけていた若者らから、「この本を読んで光明を見出した。生きようと思います」と記す手紙が一杯寄せられた、という。

『兎の眼』を出版して四年後の七八年に著す長編小説『太陽の子』は、『兎の眼』と並んで第一回路傍の石文学賞を受けた。この作品の主人公は、神戸の外れにある沖縄料理店の独り娘で小学六年の太陽の子たる「ふうちゃん」。登場人物はお店の常連で、沖縄ゆかりの人々がほとんど。工員や艀《はしけ》乗りなど下積みの人たちばかりだが、みな心優しく、彼女の健やかな成長を念じている。

そんな中、彼女の父親が心を病んでいき、一家に暗い影が射す。彼は一〇代のころ、少年兵として沖縄戦線に駆り出され、死地をかいくぐった苛酷な体験を持つ。たまたま神戸の先の明石の辺りへ釣りに出かけ、沖縄本島南部の海岸線と風景が酷似していたことから、当時の酷い記憶が蘇《よみがえ》り、被害妄想に苦しむようになったのだ。巻末、終に彼は自殺するに至る。

実は灰谷さんの長兄は一〇代後半のころ、少年兵として沖縄戦線に出陣、死線をかいくぐった体験を持つ。彼は中年になって重度の神経症を患い、自殺を遂げている。その死は灰谷さんに強い衝撃をもたらしたようで、こう言う。

――『兎の眼』はこの先また書ける作品だが、『太陽の子』の方は二度と書けない。死者の中に生者を見、生者の中に死者を見ようとする途方もない課題に取り組んだから。

林竹二氏との対話

灰谷さんには哲学者・林竹二氏との共著『教えることと学ぶこと』（倫書房）がある。日本の学校教育のあるべき姿を求め、長時間にわたりとことん話し合った労作だ。

林氏はソクラテスや田中正造の研究で知られ、学園紛争に揺れる六〇年代末から七〇年代半ばにかけて宮城教育大の学長を務めた。絵とかダンスによる表現テストを採り入れ、個性や人柄を重視する推薦入学制度を設け、型破りの入試を実施。大胆な諸改革を行った。私は取材で林先生にお目にかかり、温顔ながら筋を曲げぬ信念の人、と感じた。林・灰谷両氏の対談は内容に富み、なかなか読み応えがある。核心の部分を抜き書きすると、

――（灰谷）幸か不幸か僕は「あかんたれ」の方の教師で、よたよたしっ放し。が、子どもを選別する罪は犯さなかった。選別教育の恐ろしさは子どもを次々区分けしていくこと。一番辛い目に遭うのは一番下に区分けされた子、知恵遅れの子とか、障害を持っている子です。

――（林）良い学校に入ることが人の幸不幸を決定すると思い込み、人間の価値がテストの点数で測られている。授業は正解探しに矮小化《わいしょうか》され、貧しい授業を生み出している。教師に一番大事なことは、子どもと一緒にいろんなことを学んでいく能力なのに。

――（灰谷）子どもが就学を法律で強制され、そこがろくに息もつけないような場所だったら、学校とは一体何でしょう？いま学校に教育がなくなっていることを教師たちは気にも留めていない。

――（林）文部省（現文科省）の指導案は怖い。敗戦でいったん否定されたはずの教科書観・教職観が復活し、昔に戻ってしまった。学校は教育行政機関の下請け化し、教師の眼は子どもの方へ行かず、あらぬ方に向いている。切り捨てられた子たちが荒れるのは当然です。

――（灰谷）子どもは本当はみんな勉強をしたがっている。林先生の授業（小・中・高の児童・生徒向けに実験的な試みを度々実践）を受けた小学四年の男児らは「遊んでいるようだった」「いつもは長い授業時間が短く感じられた」「初めて勉強の面白さがわかった」と感想を口

にしています。

三〇余年も前の対話だが、内容は少しも古びていない。読み返すうち、私は英語のラディカルという表現を思い起こした。「急進的・過激な」そして「抜本的・根本的な」という二通りの意味を持つ。お二人の主張は後者の方だと私は理解するが、学校や教育委員会など当局側は前者の類と見て反発するだろう。救いようのない暗澹《あんたん》たる思いに駆られる。

灰谷さんは二〇〇六（平成一八）年、食道癌のため七二歳で亡くなった。日本の教育行政は依然として停滞したままで、学校教育の歪みがもたらす子供たちの不幸は一向に減少していない。灰谷さんの渋面が思い浮かぶ。

〈『大法輪』二〇一七年一二月号〉

第27章　詩作・評論

大岡信さん

「出合い頭にヤッと切りつける呼吸」

おおおか・まこと（一九三一～二〇一七）

詩人としての感性と評論家としての知性と、両方を併せ持つ稀有な存在だ。諸々の著作を通じ、「言葉とは何か」「人間とは何か」という根本的に大切な問いかけに対する貴重なヒントを私は一杯頂戴している。いわば恩人と言ってもいい有難い方に当たる。

「朝日」連載の金字塔「折々のうた」

今から四半世紀余り前、朝日新聞記者だった私は当時「日本ペンクラブ」会長の彼にインタビューを試み、やりとりを交わしている。該当する記事（一九九二年九月七日付け）から、発言内容の骨子を紹介すると、

――「この一四、五年大病しなかったのは『折々のうた』（当時の朝日新聞朝刊に長期連載さ

大岡信さん（1992年9月25日撮影、調布市深大寺で。朝日新聞社提供）

れた人気コラム）を抱えていたから。根を詰めて二年もやるとガクンときて、少し休む。気が抜けるせいか、体がどこかギクシャクしてくる。その繰り返し。今はファクスがあるからいいけど、初めのころは外国に行く時なんか困った。書きだめしようとすると、どうしてもたるむ。一八〇字のところを二五〇字も書いたり。短く歯切れよくやるには、出合い頭にヤッと切りつける呼吸。死ぬ気でやる位の覚悟でないと」

「無謀なことを平気でやる性格なんです。三二歳の時、何の見通しもないのに、自分の詩文の方が大事だからと、まる一〇年勤めた新聞社を突然辞めてしまった。幼子を二人抱えながら、家計への認識ゼロ。女房は『一緒になった時、無一文だったのだから、またそうなったと思えばいい』と、すごいことを言ってくれた。女房の着物を質に入れた金で地方から来た友人と飲んじゃったり、頭が上がりません」

大岡さんは静岡県三島市に生まれ育った。富士山の湧き水が川になって市内を貫流し、その清冽な原風景に詩人の感性を触発される。「水が豊富できれいだったことは、僕にとって決定的でした」と言う。亡父は歌人で短歌雑誌を主宰しており、幼いころから文学的雰囲気に包まれて育ったことも幸いした。旧制沼津中～一高～東大国文科卒。読売新聞外報部記者を経て、明大教授～東京芸大教授を務める。『折々のうた』で菊池寛賞のほか、評論『蕩児《とうじ》の家系』が歴程賞、『紀貫之』で読売文学賞、詩集『故郷の水へのメッセージ』は花椿賞。六一歳。――

彼の手になる金字塔「折々のうた」は連載開始が一九七九（昭和五四）年一月で、打ち止めは二〇〇七（平成一九）年三月。休載期間を挟んで足掛け二九年にわたり、掲載はなんと全六七六二回を数える。私は社説は読まない日はあっても、一面下の「天声人語」と「折々のうた」には必ず目を通した。日々を生きていく上で、「うた」は何がしかの慰藉《いしゃ》と時には有難い示唆をもたらすからだ。彼自身は、社告の「筆者のことば」でこう述べている。

――私たちは生活の中で、『これは！』と驚いたり心動かされるものに出会う。ささやかな『これは！』が人を生かす力にもなる。私はそれを古今の詩の中に求めてみたい。

ちなみに、この名物コラムを企画したのは朝日新聞の七九年当時の編集局長・一柳東一郎氏で、「詩歌を毎日載せて、紙面を潤す」との発想から。後年に朝日新聞社を表敬訪問したニューヨーク・タイムズのトップは「恋の歌が新聞の一面に載るのは、世界でも朝日新聞だけ」と称賛している。

共同創作の試み

大岡信（敬称略）は一九三一（昭和六）年、静岡県田方郡三島町（現三島市）に生まれた。長男として歌人の父から愛されて育ち、早くから文学的環境になじむ。旧制県立沼津中（現県立沼津東高）三年の夏に敗戦。空襲で学校が丸焼けになって授業がなく、文学好きの教師の指導で同好の同級生らと文学サークル活動に励む。翌年、校内同人誌に発表した詩「朝の頌歌《ほめうた》」は「朝は　白い服を着た少女である」と始まる美しい調べの抒情詩だ。

四七年に旧制一高へ進む。学友に日野啓三（後の芥川賞作家）や稲葉三千男（同社会学者・元東久留米市長）に佐野洋（同推理作家、本名・丸山一郎）らがいた。錚《そう》々たる哲学青年やマルクス青年らに伍し、フランスの詩人ボードレールや哲学者ベルグソンをかじって対抗する。一高の由緒ある文芸機関誌「向陵時報」の編集長を一年先輩の日野から引き継ぐ。

一高の同期に、中江利忠（元朝日新聞社長）がいた。「折々のうた」の企画が当初「朝日」学芸部から持ち込まれた際、そのしんどさを感じ、大岡は固辞している。学芸部に頼まれて説得に乗り出したのが、当時編集局次長だった中江だ。大岡が人柄を篤実と評する旧友・中江に頼まれてはノーとは言えない。その後、中江が「朝日」で長きにわたって要職を占める間中、大岡はずっと超異例の長期執筆を続ける運びとなる。

五〇年に東大国文科へ進み、日野や佐野洋らと同人誌「現代文学」を刊行。学内新聞に以下のような詩「海と果実」を発表している。

――砂浜にまどろむ春を掘りおこし／おまえはそれで髪を飾る　おまえは笑う／波紋のように空に散る笑いの泡立ち／海は静かに草色の陽を温めている（第一連）――

大胆で率直。それでいて、瑞々しく温和な響きが感じ取れる。

三年後、読売新聞社に入り、外報部記者に。この年の夏、雑誌「詩学」に評論「現代詩試論」を発表。フランスの大詩人ヴァレリーの実作を手がかりに「詩について散文で語ることは至難」と断言。大岡は豊かな感性を持つ詩人であると同時に、鋭い知性を持つ批評家でもあるという一人二役を以後、運命的に引き受けていく。

読売在社中の一〇年間、本業の記者活動に勤しむ傍ら、詩作では谷川俊太郎らの同人誌『櫂《かい》』などに参加して活発に創作活動を行う。さらに「詩学」「ユリイカ」などの詩誌に詩に関する評論を度々執筆。そして美術批評にも手を染めたり、若い音楽家らと交遊して作詞を行ったり、正しく八面六臂の精力的な活動を続けている。

以後は明大〜東京芸大で教える傍ら、創作と批評の両面活動を続けていく。六八（昭和四三）年刊行の『大岡信詩集』（思潮社）所収の詩「地名論」は、こうだ。

――水道管はうたえよ／御茶の水は流れて／鵠沼に溜り／荻窪に落ち／奥入瀬で輝け／サッポロ／バルパライソ／（中略）奇体にも懐かしい名前を持った／すべての土地の精霊よ／時間の列柱となって／おれを包んでくれ／（中略）名前は土地に／波動をあたえる／土地の名前はたぶん／光でできている／（中略）瀬田の唐橋／雪駄のからかさ／東京は／いつも曇り――

機知に富む音とリズムが快く、微笑ませ、哄笑さえ誘う。が、思索的というのか、どこか考え込ませずにはおかない響きがある。

七〇年、俳人・詩人の安東次男や作家の丸谷才一らと「連句の会」を始める。連歌・連句の伝統に倣い、一つの詩を例えば五人の詩人が三〜五行ずつ書き継ぎ、大きな一つの作品に仕上げていく試みだ。後には海外の作家や詩人らとも長期にわたって共同創作を試み、大岡は「共同でものを作れば作るほど、一人ひとりの個性が洗い出されてくる」と言っている。

文化面での国際貢献

特筆しておきたいのは、文化面での彼の国際貢献の素晴らしさだ。年譜を見ると、三〇代から六〇代にかけて欧米やアジアなどの十数ヵ国を足繁く訪問。講演を行なったり、当地の作家や文学者らと活発に交遊。返礼のようにフランスの高名なシャンソン歌手ジュリエット・グレコが来日し、大岡と共訳した「炎のうた」を歌ったり、公開対談に応じている。

諸作品は英・仏・独・中など七ヵ国語に翻訳ずみ。九〇年代半ばにはパリの国立高等教育機関コレージュ・ド・フランスで二年にわたり集中講義を行ない、フランス政府から度々芸術文化勲章を贈られている。国内では九七年に文化功労者推戴、〇三年に文化勲章受章。

年譜によると、大岡が著した評論・詩論・評伝等は一一〇冊を超える（詩集は三〇余冊）。今更ながら、その精力的な仕事ぶりに目を見張る。私が特に重要と感じる評論は『詩人・菅原道真うつしの美学』（八九年、岩波書店）で、その内容は示唆に富む。

　道真は中年期に讃岐守（現在の香川県知事）となり、在任中に「寒早十首」という漢詩を詠む。当時の庶民の貧窮のさまを職業や境遇に即し、十首の詩として具体的に詠じたものだ。主題の中心は国家と個人の接触、衝突する最大の一点、租税（及び役務）の問題。彼は平安朝最高の漢詩文の使い手だが、範と仰ぐ中国の詩では同様の主題が詩の正統的主題の一つだった。この「寒早十首」のお手本は白居易の「和春深」二〇首で、道真は大和伝統の「うつし」から入り、「乗り移る」状態にまで行き着く。道真は貧富の問題を真剣に憂えた、今で言う革新思想の持ち主だったようだ。そう考えると、異数の栄達を遂げた彼の既得権益層・藤原一門との衝突〜大宰府配流〜悶死という悲劇的宿命の謎が一挙に解け、一層哀れさを増す。

　前記したコレージュ・ド・フランスでの講義の草稿に当たるのが九五年の名著『日本の詩歌』（講談社）だ。その「あとがき」に、彼は要旨こう述べている。

――和歌は日本の文学・芸術・芸道から風俗・習慣に至るまで根本のところを律してきた。漢詩の偉大な代表詩人菅原道真は、悲劇的な生涯そのものにおいて、日本の文明、文化全般に対する恐るべきアンチ・テーゼとなった。日本の詩歌に自己主張の要素が極めて乏しい理由について、思いを巡らさせられる。

　大岡さんのこの御教示は真に尊い。日本人一般に大勢順応型が多く自己主張が乏しいのは、

「出る杭は打たれる」と菅公の悲劇が深層心理に浸透している故では、と私は疑っている。

〈『大法輪』二〇一九年四月号〉

第28章　造形美術

岡本太郎さん

「真の芸術には嫌ったらしさが要る」

おかもと・たろう（一九一一～一九九六）

大阪万博でのかの「太陽の塔」制作者として名高い前衛美術家だ。一〇代で戦前のパリに留学。ピカソの先鋭的な作品に感動し、芸術の正体に目を開く。戦後の日本では「縄文土器の神秘性」「沖縄文化の生命感」などを強調。前衛的な作品を次々生み出し、存在感を際立たせた。

「太陽の塔」の顔

私は月に一度は渋谷経由で都心に出るが、気が向けば渋谷のＪＲ駅～井の頭線駅の連絡通路に立ち寄る。亡き岡本太郎氏が制作した壁画『明日の神話』と対面し、その精気に触れたいからだ。高さ五・五メートル、幅三〇メートルの巨大な画面。独特の鮮烈な色彩と幻覚的なタッチが利き、核時代の日常的な脅威に簡単に負けてたまるかという闘志がほのめく。この大作は

岡本太郎さん（1989 年 9 月 22 日撮影、朝日新聞社提供）

彼の代表作たる七〇年大阪万博の「太陽の塔」と制作時期はほぼ重なる。

今から三五年も前の八五（昭和六〇）年、私は東京・青山のご自宅を訪ね、彼と差しで一時間余りやりとりしている。当時の朝日新聞紙面（一一月六日付け夕刊）を引くと、

――森がまだ多かったころの青山に生まれた岡本は、漫画家の父・一平と作家の母・かの子との間の一人っ子。芸術家同士の両親にほったかされて育ち、「一日中はだしで森の中を野生動物のように駆け回った」。感受性が鋭く、近所の小学校に入ると、担任の教師の態度に「どうしても許せない不純なもの」を感じ、一年生の間に転校四度。慶応幼稚舎に入って、ようやく「厳しいけれど純粋な人柄の先生」と出会い、学校拒否がおさまる。

自己主張の強い挑戦的な生き方は、その後も一貫する。あまりにも岡本太郎的、と一部に反発を買った大阪万博シンボル・タワー「太陽の塔」の型破りな制作。自分を高く評価してくれる欧州などで暮らさず、日本で生きるのは「あらゆる問題をぶつけることができ、憎まれっ子になれるから」。カメラの方をにらみ返す形相は一代の利かん坊そのままだ。――

当時の取材ノートを改めると、太郎氏は含蓄のある発言を色々している。例えば、

——メキシコでは人が裸足で歩いてたり、昼間から日向ぼっこしていて、いいなと思う。

（『明日の神話』は）シケイロスの向こうを張り、「拒絶と生成」をテーマに世界最大の壁画を造る気で取り組んだ。「メキシコでは二千年来、僕の真似ばかりしてる」とジョークを言いながら。

——日本は全てにシステム化されて人間性を失い、べらぼうさを無くしてしまった。「太陽の塔」の顔は、余りにも個性的だったので悪口を言われた。石器時代を想定し、「なんだ、これは」という団子っ鼻に。恐ろしい相と平和な相、相反する相を複合させた。猛烈な虚無と、その底に渦巻く怒り。世界の不条理に対する心底からの怒りだな。

醜いものの美しさ

岡本太郎（敬称略）は一九一一（明治四四）年に神奈川県で生まれた。父・一平は東京美術学校（現東京芸大）を出て「東京朝日新聞」に入社。一コマ漫画・漫文で漱石に認められ、一世を風靡する。母・かの子は与謝野晶子に師事し「明星」派歌人として出発。後に小説修行を積み、『鶴は病みき』『金魚繚乱』『老妓抄』などを著し、名声を博す。

お嬢さん育ちのかの子は童女型の資質で、幼子の太郎がむずがって泣き止まないと途方に暮れ、一緒に泣いたりした。八方破れの素行をつかれ表でひどい意地悪に遭うと、泣き叫びなが

ら玄関に駆け込み阿鼻叫喚といった場面もしばしば。反面、人の純情に触れれば、すぐ涙をこぼして感動した。「小学校一年の時に転校四度」という太郎の学校拒否が示す尋常ならざる感受性過敏は、その血筋かも。

太郎は慶応義塾普通部（現慶応高校）を経て二九（昭和四）年に父と同じく東京美校に入学するが、半年で中退。父母と一緒にパリへ赴き、独り居残り、画業研鑽を志す。パリ遊学は父・一平の若き日の叶わぬ夢でもあった。そして、相似る繊細な魂同士の母子が一緒に居れば、とかく葛藤が生じ互いの成長を阻みかねぬ、という父の配慮も働いた。

独り暮らしを始めた太郎はパリ郊外のリセ（日本の旧制中学相当）に学び、言葉に不自由しなくなる。ある日、画商の店でピカソの百号大の抽象ふうな静物画と対面。感動の余り、涙する。ピカソは三七年のパリ万博に大壁画『ゲルニカ』を出品した。この年、スペイン内戦に介入したナチス空軍が非武装の地方都市ゲルニカを盲爆、千人近い非戦闘員の老若男女が惨死。激怒したピカソが阿鼻叫喚の地獄図を彼独特のタッチで糾弾した大作だ。太郎は言う。

――ゴッホは美しいけれど、決して綺麗《きれい》ではない。ピカソも美しいが、綺麗ではない。醜いものの美しさというのがあり、真の芸術にはある種の嫌ったらしさが必要なのだ。

太郎自身は三七年、シュールアンデパンダン展に半ば具象の作品『傷ましき腕』を発表する。横長の油彩画で、中央には真っ赤な色のリボンが真っ直ぐ前を見つめる。赤いリボンは太郎がパリ時代に繰り返し描いたモチーフで、束縛と拘束に抗する鮮烈な生命力のシンボルのように映る。同作品は国際シュールレアリスト・パリ展招待作品となった。

この頃から、シュールレアリスムの文学者アンドレ・ブルトンや画家・彫刻家マルクス・エルンストらとの親交が始まる。三九年、パリ大（三一年に哲学科へ入学ずみ）ソルボンヌ校で心理学・社会学・民族学を学び始め、研究対象を広げる。哲学者・思想家ジョルジュ・バタイユらとも交りを持ち、当時の蓄積が後年の飛躍の土台を築いたのは確かだろう。

この年、元々腺病質で壮健ではなかった母かの子が脳出血で倒れ、四九歳で急死する。父・一平からの急報に接し、太郎は悲嘆にくれ、三〜四日も酒をあおってパリの街を彷徨《ほうこう》する。後に彼が編んだ『母の手紙』（千曲秀版社）には類稀に個性的な親子の交情が切々と綴られ、胸を打たれる。

翌年、ヒトラー指揮下のナチ独逸軍がベルギー経由で侵攻。太郎はパリ陥落を目前に帰国する。日中戦争最中で初年兵として召集、中国戦線へ送られ、各地を四年転戦し、敗戦後は一年抑留。幸い無事で帰国するが、「人生であれほど空しかったことはない」と回顧している。

日本人離れしたスケールとバイタリティ

彼は五一（昭和二六）年、東京国立博物館で縄文火焔型土器に接し、強い衝撃を受ける。翌年、美術雑誌『みずゑ』に要旨次のような「四次元との対話——縄文土器論」を発表。その反響の大きさから、日本美術史が以降は縄文時代から語られ始める。

――荒々しい不協和音が唸りを立てるような形態と紋様。太古日本の狩猟期にあっては、糧は闘い取らねばならなかった。縄文土器の異様なまでの神秘性に民族の生命力を感じ、人間に対する根源的な感動と信頼感を覚える。

五二年から翌年にかけ、欧州やアフリカなどを歴訪。ピカソをはじめセリグマン、ジャコメッティ、ミロら旧知の芸術家らと再会、歓談。ピカソについて、後にこう記している。

――芸術と時代は不思議な関係にある。彼の作品は、当初こそ見る者を戸惑わせるが、やがては時の世界の苦悩と喜びを端的に表現している、と人々を納得させる。「よく判らないが、とにかく偉い」と評論家を降参させ、芸術家として本質的な勝利を手中にした。

縄文土器と出会い、彼には官製の伝統論と大きく異なる、今一つの「伝統」が見え始める。大地に息づき、生き生きと暮らす人々の営みの中に、真の伝統を見出す。「日本人としての存在を徹底して掴まない限り、世界を正しく見渡すことはできない」。国家主義・民族主義を離れ、世界に対しての自分を見つめるべく、日本各地を行脚し始める。

壮大なそのフィールド・ワークの一端が著書『沖縄文化論――忘れられた日本』（六二年、中公叢書）に結実、毎日出版文化賞を受ける。沖縄の村々に神が降る聖所・御嶽《うたき》。多くは森の中に所在し、石やクバ、ガジュマルの木などが近くにあり、人々が寄せる無垢な信仰に彼は強く感動する。

五九年、丹下健三設計の旧東京都庁舎に新奇な造形と極彩色がウリの陶板壁画七作品一一面を制作。フランスの雑誌『今日の建築』の国際建築絵画大賞を受ける。太郎は言う。

――（実用本位の合理的な）建築に対する適切なアンチテーゼとして、人間本来の混沌、非合理的な神秘性、戦慄的な情感をぶつけたつもりだ。

彼は「これからの芸術は、映画やテレビなど広く一般の身近に触れるものこそ価値がある」と普遍性を重視した。日本橋・高島屋通路に『創生』、築地・松竹セントラル劇場に『青春』、銀座・数寄屋橋公園に『若い時計台』など都内各所を始め、全国各地に独特のパブリック・アートを一四〇余も制作した。ちなみに、旧都庁舎の壁画は九一年の都庁移転に伴い解体、破却され、美術関係者ら太郎ファンを嘆かせた。

六七年にはメキシコを訪問し、かのシケイロスと交流する。早くから革命運動に参加し、社会的・民衆的なテーマを巨大な壁画にダイナミックかつ幻想ふうに表現した大作家だ。太郎はメキシコの歴史風土と国民性を愛した。「世界中が均質化する中で、メキシコだけはひどく独自。民衆は陽気で、歌と踊りが大好き。貧しい国ながら、アメリカよりは文化的には高い、と誇りを持つ」と称えた。

彼は古代マヤ・アステカ文化の高貴な神秘感に強い郷愁をかき立てられ、縄文文化・スキタイ文化などとの一体感を直覚する。メキシコの実業家に依頼され、首都の大ホテルのロビーに幅三二メートル（後に日本へ移送される際に三〇メートルにカット）、高さ五・五メートルの大壁画を制作する。この作品こそが、幾多の転変をたどり、現今は渋谷駅通路に存在する冒頭に記した『明日の神話』そのものだ。

ひいき目を含め、私は岡本太郎こそ日本人離れしたスケールとバイタリティを備えた真の芸術作家だった、と感じている。彼がもし健在なら、当今の日本の息苦しい閉塞感をぶち破る痛烈な一言を吐いてくれるのでは、とつい願ってしまう。

〈書き下ろし〉

第29章　映像文化紹介

高野悦子さん

「作品の良し悪しは心で感じる」

たかの・えつこ（一九二九～二〇一三）

東京・神田にある映像文化の殿堂「岩波ホール」の切り回し役を長らく務めた。若くしてパリの高等映画学院へ留学。映画制作のノウハウや作品の良否を見極める眼を培う。第三世界の国々などに埋もれていた名作を数々輸入、上映し、海外の映像文化の紹介に大いに尽くした。

パリ留学での苦難

古書店街の神保町交差点角のビル一〇階にある岩波ホールには随分お世話になった。故・宮城まり子さんが撮った「ねむの木の詩」やポーランドのアンジェイ・ワイダ監督の「大理石の男」、そしてインドなど第三世界の国々の隠れた名作・佳作の数々。多忙な記者生活の合間にここへ時たま通い、私はたくさんの感動をもらっている。

高野悦子さん（1989年8月31日撮影、東京・神田神保町の岩波ホールで。朝日新聞社提供）

今から三〇年ほど前の一九八九（平成元）年、この岩波ホールを切り盛りする総支配人・高野悦子さん（当時六〇歳）の取材がかなった（記事は九月一九日付け富山版）。旧満州生まれの彼女の亡父は富山県出身で、一五歳で引き揚げてきた御本人も同県の旧制魚津高女（現県立魚津高）に一時期学んでいる。大の富山びいきで知られるだけに、富山県人で六つ齢下の私は、心強い姉貴分に会いにいくような心地がした。

彼女の今日をもたらしたのは、なんと言っても二九歳の時に敢行したパリ留学だ。話の発端は、当時の思い出から始まる。

日本女子大在学のころ、南博主任教授（著書『社会心理学』は毎日出版文化賞）から「マスメディアとしての映画」を研究テーマに与えられたのがきっかけで、映画のとりこになる。大学卒業後、東宝に入社して観客調査の仕事をするうち、自分で映画を作りたくなった。が、「女性監督は必要ない」と、会社に助監督志望をけられてしまう。ならば、日本が駄目なら海外で、とパリ高等映画学院に留学しようと思い立つ。

――今のように海外渡航が当たり前ではなかった昭和三〇年代前半のこと。世の多くの親のように、怒って子の夢をつぶす父、泣いて決心を変えさせる母だったら、私のパリ行きはかなわなかったでしょう。しかし、私の両親はそんなに驚くふうもなく、相談に乗ってくれ、「決心したのなら、やりなさい」と励ましてくれた。父も母も、若いころにポッと中国大陸に渡っている人間。そんな血が流れているからこそ、私の渡仏が実現したとも言えるんです。

と、高野さんは振り返る。

だが、このパリ留学には苦難が待ち受けていた。向こう見ずにも、フランス語が一言もできないままの渡仏。通訳付きで映画学院にあいさつに行くと、「言葉もできないのに留学とはふざけている」と校長が激怒する。今さら日本へ帰ることもできず、泣いてばかりいたが、「自分で決心したのだから、頑張り通しなさい」という母の言葉を思い出し、気を取り直す。

一心不乱に一日に五〇ずつ、単語を暗記し始める。辛い毎日だった。体重はたちまち一二キロも減った。こうして三か月。それまで鳥のさえずりのようにしか聞こえなかった周囲のフランス語が、ある日突然、人間の言葉となって聞こえてくる。

やつれ、衰え、ふらふらになりながら、一八科目の試験に合格し、首尾よく入学がかなう。三年間の学生生活は、すさまじいほどのスパルタ教育だった。パリの生活に慣れるにつれ、元気が出てきて、勉強に次ぐ勉強。ビリで入学しながら、卒業時は監督科のトップになっていた。

実を言うと、私は学生のころ大変な映画ファンだった。なけなしの小遣いをはたき、毎年二百本以上は欠かさず見ていた。二本立て・三本立ての映画館をはしごしたり、時には二〇何日もぶっ続けで映画館通いをしたこともある。池袋の東口にあった文士経営と銘打つ「人世坐」と隣の「文芸地下」という映画館がなじみでほぼ毎週のように通い、往年のフランス映画の名作や邦画の佳作などに胸を躍らせた。だからこそ、彼女の映画熱には大いに共感するし、パリ行きまで敢行した勇気には強い尊敬の念を抱く。

岩波ホールの経営にかかわる

パリから帰国した高野（敬称略）は思わぬ災難に見舞われる。六五（昭和四〇）年、今度はポルトガルへ渡って一年近く滞在。『鉄砲物語』のシナリオを書き上げ、現地の映画人らを相手に日本ポルトガル合作映画の段取りをつける。一六世紀に火縄銃がポルトガル人によって種子島に伝来した史実を基にし、彼女の最初の監督作品となるはずだった。

だが、日本側の窓口・旧大映が米国との合作を勝手にもくろみ、構想を横取りしてしまう。敏腕の製作者として知られる旧大映のワンマン社長・永田雅一は当時、政治やプロ野球などにも手を染め、経営のやりくりに苦労していた。高野は旧大映側が著作権を侵害したとし、訴訟手続きをとる。仲裁裁定により賠償金が支払われるが、彼女は全額をポルトガル側の関係者へ渡し、国際信義を損なわぬよう配慮した。

この一件で映画作家への道は断念し、岩波ホールの経営に深くかかわっていく。ホールの所有者・岩波雄二郎は長姉の夫で、気心が通じ、自由にやらせてもらえる当てがあった。客席が二三二しかない小ホールだが、学生時分から親しい作家・野上弥生子は「大きな所ではできない質の高い催しができるはず。どこにもない独特の文化の花園に育て上げて」と励ました。学問・文化・芸術と広いジャンルにわたるアドバイザーとして評論家・英文学者の中野好夫を口説き落とす。

六八年のホール幕開けには、義兄・岩波に頼み込み、二か月がかりで大改造をおこなう。天井の反響を良くし、照明や録音の設備も良いものと取り換えた。映画講座・音楽サークル・古典芸能シリーズ・学術講座が発足当初の四本柱で、スタッフは大卒と高卒の男女四人。切符を売りさばくのに苦労して一日中いらいらし、食事は不規則、夜は睡眠不足に陥り、三ヵ月で胃潰瘍《かいよう》を患う。

この年、日本ポルトガル友好協会がちょうど発足する。発会式は岩波ホールで行い、高野は協会の切り回し役・常務理事に就く。文豪モラエスの邦訳全集刊行やルイス・フロイスの『日本史』出版など様々な文化事業を推進する。

七〇年に夏季学術講座を開講。全国の大学から大野晋・久松潜一・市古貞次・西尾実ら選りすぐりの講師を招き、「日本文学研究」をスタート。六年間で文学・歴史畑の学者七〇人が講演し、学生や主婦層を中心に大人気を呼び、聴講者は延べ一万四千人に達する。

明くる年には、記録映画作家・土本典昭監督の「水俣——患者さんとその世界」を入場料五百円で上映。石牟礼道子・戒能通孝・日高六郎・市川房枝らに講演を依頼。毎回大入り満員でカンパに一万円札が乱れ飛び、それまで無料で上映していたこの作品が有料の扱いになる端緒を開く。二年後、民俗芸能シリーズ第一弾として高橋竹山の津軽三味線演奏会を開き、その翌年には演劇シリーズの第一回として早稲田小劇場の鈴木忠志演出の「トロイアの女」を手がけている。

「作品の良し悪しは、頭で考えるより心」

しかし、何と言っても彼女の本領は優れた映画の紹介役だ。映画通で息の合う川喜多かしこ夫人と手を携え岩波ホールを本拠に七四（昭和四九）年から「エキプ・ド・シネマ（フランス語で「映画仲間」の意）」運動を始める。映画は世界の歴史や文化、人々の魂までつぶさに教えてくれる。様々な国々の埋もれた名画を発掘し、広く人々に紹介しようという趣旨だ。ちょうど映画産業が不振に陥っていた時期で、諸外国の数々の芸術作品が見向きもされず、世界のあちこちに眠っていた。

上映第一作はインドの巨匠サタジット・レイ監督の「大地のうた」。初日の入場者こそ五〇人足らずと惨憺《さんたん》たる幕開けだったが、姉妹作の「大樹のうた」は四週目に満員。新聞や雑誌の好意的な紹介もあって、「大河のうた」を含む三部作の土・日の一挙上映は通算一一週のアンコール記録となり、地味な作品の選択をいぶかる興行界を驚かす。

三年後の七七年、宮城まり子が撮った第二作「ねむの木の詩がきこえる」は一六週にわたるロング・ランとなり、岩波ホールのあらゆる興行記録を塗り替える。ダフ屋が当日券を買い占める騒ぎにまで発展し、「ねむの木」ブームが全国的に巻き起こる先駆けを成す。私も足を運び、ご本人の舞台挨拶《あいさつ》に間近で接することができた。

高野は翌年のカンヌ映画祭でアンジェイ・ワイダ監督の「大理石の男」を知る。旧ソ連スターリン体制下での人間性の圧殺――七〇年にグダニスクの造船所でストライキが起き、闘争中に殺された一人が映画の主人公だ。この作品をポーランド国民は圧倒的に支持し観衆は拍手と歓声で迎え、上映後は国歌の合唱が巻き起こった、と聞く。

カンヌでは一日に五本の映画を見て、六人の監督に会い、三時間の昼食と四時間の夕食をこなし、「鉄の女」と呼ばれる。全世界六二ヵ国にいるパリ映画学院ＯＢのネットワークが、埋もれた名画の発掘に大いに役立った。「作品の良し悪しは、頭で考えるより心で感じる。心が燃えないと力も出ないし、好きにならなければ労働意欲は湧かない」と、彼女はきっぱり言う。

発足から一〇年。岩波ホールは順調に発展をとげ、当時は正社員が一〇人に嘱託やアルバイトも含め総勢三〇人弱。高野を除けば平均年齢二四歳の若い男女の集団だが、全員で上映する映画の選択について自由に討論し、大きな食い違いはなかった。当初の八年間で、トルコ・韓国・中国・アフリカ・中南米など一八ヵ国に及ぶ日本未公開の長編劇映画五六本を上映。エジプト・ブルガリア・ルーマニア・コートジボアール・ポルトガル・グルジア各国の作品は日本では初公開だった。

多年にわたる文化活動と映画運動の功績が認められ、八一年に菊池寛賞（川喜多かしこと同時受賞）を受け、二〇〇四年には文化功労者の誉れに輝く。ほかにも、日本映画ペンクラブ賞や日本アカデミー賞特別賞などを数々受賞。海外からはフランス芸術文化勲章・同国家功労賞、並びにポルトガル功労勲章を贈られ、イタリア・ポーランド・キューバなどからも表彰を受けている。二〇一三（平成二五）年、高野さんは大腸癌のため八三歳で亡くなった。

〈『大法輪』二〇一七年一〇月号〉

第30章　政治批判

三木睦子さん

「自民党なんて、もうやめちゃえば」

みき・むつこ（一九一七～二〇一二）

元首相・三木武夫の夫人で、生来の肝っ玉母さん。俗世の権威に何らはばかることなく、思ったことはズバズバ口にし、政界・言論界で異色の存在として通った。晩年には護憲運動や日朝友好運動にも乗り出し、直言を重ねている。

「女総理」の異名

一九八三（昭和五八）年当時の朝日新聞の記事（九月二九日付け夕刊）に、私が記したこんな文章がある。

――千葉女の威勢のよさそのまま、勝浦市生まれの元宰相夫人三木睦子の女丈夫ぶりは政界に隠れもない。徳島県人の夫三木武夫をよくもり立て、三木政権時代は「女総理」の異名さえ

三木睦子さん（1989年8月28日撮影、朝日新聞社提供）

とった。アンチ三木の閣僚や自民党幹部を夫に代わってやり込めたり、夫人の会などを督励して自派の結束を支えたり、勇ましい逸話は数々ある。

生家は千葉政財界の名門・森コンツェルン。代議士でもあった亡父・森矗昶《のぶてる》の薫陶《くんとう》を受け政治家稼業の表裏を学び、夫を支え「クリーン三木」の看板を守り通す。夫の宿敵・田中角栄への敵がい心を隠しておけず、「田中さんの強みは約束を忘れてしまえること。三木なら、財産を公開すると誓えば、バカ正直に必ず守るんだけど。まじめに勉強を勧める三木みたいのは煙たがられ、遊びに誘う悪友の方に人気が集まる。田中派ばかり増える情けない自民党なんて、もうやめちゃえばって三木にも言ってるのよ」。――

この発言を翌日の『朝日』夕刊一面のコラム「素粒子」が取り上げ、こうフォローした。

〈婦唱夫随となれば、大受け間違いなし。自民党なんかやめちゃったら、と三木元首相夫人。〉

「金権田中」対「クリーン三木」の衝突は宿命的で、必然の帰結だった。七四（昭和四九）年、金脈問題で世論の指弾を浴び田中内閣が退陣し、緊急避難、棚ぼた式に三木政権が成立する。翌々年、突如ロッキード事件が発覚。三木はフォード大統領あてに親書を送って協力を求め、日本の最高検に米側の関連資料が届き、前首相・田中逮捕という非常事態に立ち至る。が、刑事被告人・田中は郷里・新潟で圧倒的人気を誇って衆院の議席を維持し、自民党最大派閥の長として福田〜大平〜中曽根の歴代政権へにらみを利かす。利権や金力による利益誘導選挙、ずばり言えば土地ころがしによる土建政治――そういう角栄的なものが自民党では、力を発揮する。民主政治は結局のところ数合わせで、多数派が勝ちを収める。「水清ければ魚棲《す》まず」、正論を吐くクリーン三木は煙たがられ、金回りのいい田中派に多くがなびく。気概に富む睦子さんがいかに歯噛《が》みしても、冷厳な現実は覆らない。

睦子さんは、私にこうも言った。

――財界人出身の代議士だった父（森コンツェルン総帥で昭和電工の創業者・森矗昶）には、政治家の妻の心得として「他人様から受け取ってもいいお金（寄付金）と絶対ダメなお金（賄賂）をしっかり見分けるように」と、篤と言い聞かされた。それが根本であり一切だ、と思っています。

夫・武夫を語る

睦子さんには、七二（昭和四七）年にも差しでインタビューしている。佐藤内閣の末期のころで、「三角大福」すなわち三木武夫・田中角栄・大平正芳・福田赳夫ら自民党の実力者四人による後継争いが白熱化する折のこと。私は「お茶の間の『三角大福』」という企画を思いついた。夫人ないし娘さんに家庭人としての素顔をざっくばらんに語ってもらう趣向だ。

睦子さんによる夫・武夫の紹介は、あからさま過ぎて少々びっくりした。

――まあ、ちょっと居ないくらい不器用な人ね。自分では着物の帯もちゃんと結べず、帯の先っぽをずるずる引きずって家の中をまごまごする。ご飯を食べるにも、お箸《はし》で上手に口元へ運べず、ぼろぼろこぼしてしまう。とにかく、困った人よ。

が、ほほ笑みが浮かび、どこか不出来な子を思いやる母親のようで、好感が持てた。そんな不器用さが精神面にも通ずるのか、生来曲がったことが大嫌い。万事に融通が利かず、多数派工作なんかでも損してしまう、といった注釈もあったと記憶する。

娘さんでは、田中真紀子（敬称略、前衆院議員）が面白かった。この人もあけすけ。思春期のころ、がみがみ親父の角栄と衝突し、取っ組み合いの大ゲンカになった、と言う。娘が娘なら親父も親父だが、真実味がこもり、何か心打たれた。彼女はまた、こうも話した。

――大平（正芳）のおじさまは（目白の）わが家へやって来ると、すっかりくつろぎ、靴下を脱いでソファの上であぐらをかく。うちの父と両方垂れ目になり、何がおかしいんだか、二人して「あはははあはは」とやってます。

この内輪話で、私は角栄・大平連合の固い絆《きずな》が判る気がした。二人とも新潟や香川の辺境の決して豊かではない農家の出であり、よほどウマが合ったと見える。

「三角大福」の争いは事実上「角福決戦」だったのだが、中間派の中曽根陣営が田中支持を打ち出して大勢が決し、私の企画はおじゃんになる。田中陣営がホテル・ニューオータニで開いた決起集会で、印象的な場面に接する。開会まもなく、将棋の升田幸三名人が「五五角（『Go！Go！角さん』の意）」と揮ごうした大きな白扇をかざして中曽根康弘が颯爽《さっそう》と入場し、一瞬場内はどよめく。そばにいた出席者の一人は「嫌味だな」と舌打ちした。別の席で、当時は福田派の若手議員だった森喜朗（元首相）から「田中派は札束ぎゅう詰めのカバンを議員会館に持ち込み、中間派を一本釣りしてるよ」と耳打ちされたのも忘れられない。

角福決戦の前年、三木は参院改革をめざす企てに手を貸している。それまで参院議長を三期九年も務めた重宗雄三（山口県出身で岸・佐藤ラインと親密）が「重宗王国」と言われる独裁体制を築き、その体制を長野出身の長老議員・木内四郎に譲ろうと企てる。が、三木派の鍋島直紹をはじめ三木の檄《げき》を受けた自民党の反重宗派議員らが「桜会」を結成して反重宗で結束し、参院改革に名乗りを上げた河野謙三を対抗馬に担ぐ。共産党を含む全野党が「桜会」と手を結んで反重宗でまとまり、投票の結果は一二八票対一一八票となって勝利を収め、改革派の河野新議長が誕生する。

当夜、平河町の小料理屋へ当時親しくしていた自民党参院議員の秘書氏と酒を飲みに行った。たまたま重宗前議長の年配の秘書氏もやはり飲みに来ていた。秘書同士で昵懇《じっこん》の仲らしく、酒の酔いも手伝って、重宗の秘書氏は聞き捨てならぬこんな放言をする。

――オヤジ（重宗を指す）は木内から三億もらう約束やった。俺はオヤジの仕事の十分の一はこなしとるから、三千万はもらう気でおった。それが、みんなパーや。

佐藤内閣当時、参院自民党は大臣を順送りで三人出せる決まりで、重宗議長には銘々三千万円ずつ包む習わしと噂《うわさ》された。参院出身の大臣は内閣改造ごとにころころ変わるから、三億円の出資位すぐ取り返せる勘定だったのかも。自民党政治の闇《やみ》は深い、とつくづく感じた次第だ。

安倍寛との交流

本題の三木睦子さんに戻る。二〇〇〇（平成一二）年、村山富市元首相を会長とする「日朝国交促進国民協議会」が発足すると、請われて副会長に就く。「統一した朝鮮が見たい。それが生涯最後の夢」と語り、南北統一を支援する「アジアの平和と女性の役割」シンポジウムの呼びかけ人も務めた。朝鮮半島の分断を招いたのは日本の植民地支配があったため、と責任を痛感。過去に蓋《ふた》をするという考え方では「世界人」として国際社会に出ていく人材が育たない、との強い信念に基づく。

翌年、東京で催された集会で南北の女性たちが一堂に会する場として、渋谷・南平台の自宅を提供する。ソウルの梨花女子大の同窓生三人が四六年ぶりに再会。抱き合って涙をポロポロ流す光景に心打たれ、こう話す。「男に比べ女は社会的しがらみが少ない分、自由に活動できる。男の人たちだけに任せると、話がとげとげしくなる。でも、女性たちは政治的立場が違っても、仲良くできる。教育のことや育児のことなど、ざっくばらんに話し合えるから」

日本の社会が「北叩き」一色に染まっても同調せず、ぶれず、怯《ひる》まず、信念を貫き通す。「（右傾の時代に対し）強い言葉で怒ってほしいと皆に期待されると、つい応えてしまう」と苦笑していた。九二（平成四）年と翌年に訪朝し、当時の金日成主席と親しく会見している。会食の折、金主席が「私は渥美清の寅さんは全部見てるよ」と漏らした、と著作『心に残る人々』（岩波書店）にある。こわもて一辺倒ではない彼の一面がうかがえ、いくらかホッとする。

〇四年、護憲派の作家や学者ら九人から成る「九条の会」呼びかけ人へ名を連ねる。「戦争の永久放棄」を定めた第九条の規定を含む日本国憲法の改定を阻止したい一心からだ。加藤周一・鶴見俊輔・大江健三郎ら男性知識人が中心のメンバーの中で、自民党政権の元首相夫人という彼女の存在は一際異彩を放った。「映画人九条の会（呼びかけ人は山田洋次ら）」をはじめ各分野や地域で賛同する動きが続出。一一年の時点で七千五百もの会が全国各地に派生した、とされる。

夫・武夫は先の大戦に際し対米戦争反対を唱え、翼賛非推薦で衆院当選を果たしている。心を許し合う非推薦の盟友に山口県選出の安倍寛がいた。晩年の彼女は、こう話した。

――安倍さんは、特高の目をかいくぐり、深夜に我が家を訪れたことがある。おにぎりを結んでもてなした覚えは忘れられない。晋三さんも母方の祖父（岸信介）にばかり私淑せず、父方の方も少しは見習ったら、と思います。

全く同感。睦子さんは一二年に九五歳で亡くなったが、まだまだ長生きしてもらい、もっと直言を重ねてほしかった。

〈『大法輪』二〇一七年七月号〉

伊東正義さん

「国民の代表は己を律するに厳しくないといかん」

いとう・まさよし（一九一三〜一九九四）

旧農林省キャリア官僚上がりの自民党の元有力政治家。大平正芳元首相と親しく、外相や党幹部を務めた。一躍有名になったのはリクルート事件の折。竹下首相らから「ぜひ新総理に」と懇望されながら、拒み通す。金銭に潔癖で、自民党では稀に見る清貧な人物だった。

首相就任の要請を自ら断った政治家

二〇二〇年の目下、安倍首相ら一統による「桜を見る会」がスキャンダル化している。共産党議員が資料要求すると、内閣府がすぐさま招待者名簿を廃棄処分に。詐欺まがいの商法で倒産したジャパンライフの会長やら反社会的勢力の誰それまで招待……。公私混同の大盤振る舞いに、予算の三倍の五千五百余万円もの大金が費消されている。一強政権の驕り、身勝手ぶり

「外務大臣」当時の伊東正義さん(1981年3月20日撮影、東京・霞が関、外務省で。朝日新聞社提供)

に憤激しない方がおかしい。

安倍首相と昭恵夫人の媒酌人・故福田赳夫元首相はその昔、自民党の危機に際し、「(長期政権下で)ボウフラが湧いてるのに掃除を怠り過ぎた」と名せりふを吐いた。かのリクルート事件が金権政治への強い批判を招き、自民党が参院選と東京都議選で大敗した際の発言。当時、自民党幹部には極めて稀な清廉潔白な存在と目されていたのが伊東正義さんだ。私が保存する古い取材ノートを繰ると、彼はこう発言している。

——永田町(政界)の常識と国民の常識は違い過ぎる。国民の代表がおかしなことをするのはいかん。変なことをするのはいかん。己を律するに厳しくないといかん。

安倍首相をはじめ各閣僚や自民党首脳のお歴々に、とくと噛み締めてほしい苦言だ。

今から三二年前の一九八八(昭和六三)年、ロッキード事件と並ぶ戦後最大の汚職事件とされるリクルート事件が発覚。辞意を固めた竹下首相はじめ党内実力者の面々は自民党総務会長の要職にあった伊東さんに「ぜひ後継首相になってほしい」と再三懇願する。が、彼は記者会見して「本の表紙だけ変えても、中身が変わらなければダメ」と述べ、首相就任をきっぱり拒絶する。

自分が所詮は「表紙」に過ぎず、中身を変えられるほどの力はない、と見切ったからか。それとも、当時すでに七〇代半ば、激務に耐えるだけの体調に自信がなかったのか。ともかく首相への呼び声がかかりながら自ら断った政治家は日本の政治史上、彼以外に見当たらない。

私は朝日新聞記者だった頃の八四年、伊東さんを衆議院議員会館の自室に訪問。一時間余りやりとりし、次のような記事（四月二一日付け夕刊）を記している。前記した「首相推薦」劇の五年前だ。

――四年前の外相辞任劇で、自民党代議士伊東正義は郷里の人々に「会津の血」を思い出させた。会津藩の幕末の悲運は、本家・徳川幕府破産のツケを一手に引き受けた縁者のそれ。派閥のボス・鈴木前首相の失態の身代わりになった観のある伊東の役回りは、その歴史の因果にぴったりだったからだ。当の伊東は「バカといえばバカ。亡き大平（元首相）にも『会津っぽは頑固だのう』とよくいわれた。オレみたいのは得な生き方じゃないわな」。

会津若松市の生まれ。両親とも教育者で、「誠実」「清廉」が最上の徳目と教え込まれる。筋の通らぬことには耳をかさず、農林省の幹部のころ、農相の故河野一郎ににらまれ、二度も左遷された。半面、役所ぐるみ昭電疑獄で大揺れの際、主管の肥料課長の身で疑惑一つ生まない人徳で株を上げる。

自民党のアジア・アフリカ問題研究会や超党派の日中友好議連の会長を務めるハト派。昨秋、中曽根首相と会食し、「不沈空母」「四海峡封鎖」などの突出発言をとがめ、「一言多過ぎる」とクギを刺す。昨今論議の政治倫理問題では、「田中さんは異能の政治家。それだけに出所進退もよく考えてほしいな」――

机の上にうずたかく本が重なり、主が非常な勉強家であることを偲ばせた。私の記事が紙面に載って間もなく、お人柄が伝わる丁重な御礼状を頂いた。私が五年間専従した『新人国記』シリーズで政治家の紹介は与野党を通じ二〇余人に上るが、礼状が届いたのはこの折だけだ。

会津人持ち前の「潔癖さ」

伊東（敬称略）は旧制会津中～浦和高～東大法学部を経て三六（昭和一一）年にキャリア官僚として農林省に入る。入省後まもなく大蔵省の同じ新入官僚との対抗野球試合があり、先方のメンバーの一人、大平正芳と初めて顔を合わす。試合後、呉越同舟で銀座のおでん屋で痛飲し、二人はたちまち意気投合し親友の仲になる。

翌年、日中戦争勃発と共に日本政府は中国（上海・南京）に行政機関の「興亜院」を設置。三九年に伊東は興亜院勤務となり、現地へ渡る。まもなく大平も興亜院勤務となり、机を並べて仕事をした。敗戦後まもなく日本に戻るが、世田谷の自宅は戦災で焼失。やむなく先に引き揚げていた大平の家の離れを借り、夫婦で二年ほど居候暮らしをしている。

五四年に食糧庁業務第一部長に任じた折、自民党党人派の「暴れん坊」河野一郎が農林大臣に就任。本書に登場する同じく農林省畑の無類の正義漢・竹内直一さんの項でも記したが、権力者・河野の無茶ぶりは目に余るものがあったようだ。伊東さんは言う。

——(傲然《ごうぜん》として)大臣室の机の上に足を上げ、(強引な)人事だけをやった。(言うことを聞かぬからと)すぐに地方へ飛ばされた。二度目の(左遷の)時は「すぐ売ってやれ(何をかは確かめていない)」「いや、そんなことはできませんよ」という応酬の直後。口を極めて罵倒されてね。

が、そんな河野も経綸を秘める伊東の資質は認めていたらしい。伊東が農林省事務次官まで務め上げ、六三年に退官。地元で政治家への擁立運動が起こり、先に政界入りしていた大平の引きもあって衆議院選挙に打って出る際、河野派からも誘いがかかった、という。大平は「お前みたい頑固なのは、どこでも務まらん。オレと一緒にやれ」と口説いた、とか。

伊東の「反骨」「潔癖さ」は会津人持ち前のものだろう。学んだ旧制会津中学は、「ならぬものはならぬ」の教えで知られる旧藩校・日新館の流れを汲《く》む。その源流は強烈でラジカルな山崎闇斎の革命派朱子学だ。武士道の理念に殉じて命を捨てることも辞さない思想が幕末の戊辰戦争で、あの痛ましい白虎隊の悲劇を生む。その悲話が人を打つのは、己の奉ずる理念に殉じる殉教の潔さだ。彼は私に対し、「侍はどうしても孤立するんだよ」とポッンと言った。

外相当時の伊東は俳優・菅原文太を役所に招き、交友を結んでいる。文太は当時NHK大河ドラマ『獅子の時代』に主演。旧会津藩士の役柄で、戊辰戦争に参加、青森・下北半島での苦闘、自由民権のため秩父事件の死地に赴く設定。意気投合した両人は以来家族ぐるみで親交を結び、菅原夫婦は総選挙の度に会津へ馳《は》せつけ、ボランティアで遊説の応援をする間柄となる。

今の政治に最も大切なこと

伊東は「刎頸《ふんけい》の交わり」を結んだ「莫逆《ばくぎゃく》の友」大平正芳について、私にこう言った。

――彼は哲学を持っていたから、歴代総理（ほぼ同世代の田中角栄・三木武夫・福田赳夫・中曽根康弘らを念頭に）の中では出色だった。一国の外交にしろ、首脳に対する信頼感が最も大切だ。大平は出来ないことは最初から断れ、とよく言っていた。「前向きに検討しましょう」なんて言い方は一番いかん、とね。

日中国交回復が成った七二（昭和四七）年当時、大平の世田谷の私邸を私は政治部の同僚記者と一緒に一夜訪ねている。応接間の書架には欧米系の歴史学や社会学などの翻訳叢書《そうしょ》がぎっしり詰まり、トイレの中にまで書架があるのには驚いた。ウイスキーをご馳走《ちそう》になり、二時間余り歓談した。

私は「角栄さんは自伝に『若い頃は文学青年だった』と記していますが」と水を向けてみた。微苦笑を浮かべる大平の返答は「あれは『桃太郎侍』だよ」。すなわち、山手樹一郎の大衆小説レベルという含意だろう。伊東は二人の仲について、こう言っている。

――（二人は）全く異質だから、（かえって）ウマが合った。（角栄氏の金権体質について）僕はよく苦言を呈したが、大平は「人間の良いところを見ればいい」と言っていた。確かにアイデアや実行力は大したものだ、とは思うが。

大平は大学時代にキリスト教の洗礼を受け、社会運動家・香川豊彦の門下生としてYMCA活動などに熱心に取り組んだ履歴がある。人間に一番大事なのは倫理感だと説くモラリスト伊東とは精神の奥深い部分での人間観で通い合うものがあったのでは、と私は推測する。

金権に反対する伊東はスポンサーから金をもらうことを潔しとせず、政治資金集めのパーティは遂に一度も開いたことがなかった。彼が自民党総務会長を務める八七（昭和六二）年当時、閣僚・党幹部級なら、一夜のパーティで億単位の稼ぎが常識とさえ言われていた。若手議員の政治資金パーティに呼ばれる派閥ボスたちがご祝儀を百万〜二百万円と包む中で、伊東のそれは一〇万円ぽっち。カネ集めの意欲に元々欠ける上、派閥活動にも不熱心だったからだ。

世田谷区千歳台の自宅は錆《さ》びたトタン屋根で壁のペンキが剥《は》げかけている。東京の事務所は議員会館の自室だけ。秘書は公設の二人を含む五人だけ。地元・会津若松の自宅兼事務所も風呂なし四部屋だけのボロ家で借地。何から何まで、自民党最高幹部の常識外だった。

伊東は体調の変化もあって九三（平成五）年の総選挙に出ず、政界引退へ。翌年、肺炎のため八〇歳で死去する。妻・輝子は故人の遺志に反するからと叙勲話を固辞した。「政治家は何になるかではなく、何を為すかだ」が彼の口癖だった。

盟友・後藤田正晴元副総理が弔辞を読み、こう述べる。

――（政治家の中では）珍しい愚直なまでの潔癖漢でもありました。この潔癖さこそが今の政治に最も大切なことだ、と思います。

この言及をそっくり、現下の安倍首相はじめ政府・自民党の面々に差し向けたい。

時は移っても、自民党の金権体質は一向に変わっていない。一億五千万円もの破格な軍資金を党本部から得て当選した河合案里参院議員と夫・克行前法相にまつわるどす黒い買収疑惑。伊東さんの苦虫をかむ表情が思い浮かぶ。

〈『大法輪』二〇二〇年三月号〉

第32章　官僚批判

竹内直一さん

「日本の高級官僚の大半は公僕意識がない」

たけうち・なおかず（一九一八〜二〇〇一）

旧農林省エリート官僚出身の異色の消費者運動家。官僚当時は自民党党人派の無道な大臣と衝突、左遷されたり、消費者側に立つ余り詰め腹を切らされる。身一つで消費者運動に乗り出して数々の成果を挙げ、企業や官庁から恐れられる。正義感の強い、稀に見る硬骨漢だった。

「官僚は優秀」は間違った思い込み

安倍首相ら一統による「桜を見る会」が問題化し、国会で再三追及を受けている。二〇二〇（令和二）年五月には、全国の弁護士や法学者ら六六二人が安倍首相らを公選法違反などの疑いで刑事告発した。「もり」「かけ」問題が先ごろ安倍政権を強く揺るがした時、私はキャリア官僚出身で無類の正義漢である竹内直一さんの面影を懐かしく思い起こした。

竹内直一さん(1993年9月7日撮影、東京・東久留米市の自宅で。朝日新聞社提供)

森友学園問題では、決裁文書の改竄をめぐって国有地の値引きを担当した近畿財務局から自殺者まで出した。だが、証人喚問を受けた佐川宣寿国税庁長官は「刑事訴追を受ける恐れがあるから」と五五回も証言を拒否。大阪地検特捜部は「証拠不十分」として、なんと不起訴処分に。一方、加計学園問題では、前川喜平前文科省事務次官が退官後に「加計ありきで行政が歪められた」「民主主義の危機」と痛烈な安倍政権批判を展開している。

もし竹内さんが健在なら、佐川氏や大阪地検の情けない体たらくを痛罵し、前川氏の毅然たる言動に喝采を送ったはずだ。今から四半世紀余り前の一九九三（平成五）年、朝日新聞記者だった私は彼を単独インタビューし、以下のような記事（一〇月一七日付け）を記している。

――京都で生まれ、東大法学部を出て農林省へ。一九六七（昭和四二）年、出向先の経企庁で国民生活局参事官として在任中、牛乳の一斉値上げに抵抗し、撤回させる。このため、乳業各社とそれに同調する農林省に排斥され、翌年退職に追い込まれる。

その翌年、日本消費者連盟を旗揚げし、運動の第一線に。欠陥商品を社名入りで追及し、詐欺的商法を告発。幅広い分野で「消費者主権」確立を目指し。着実に成果を上げてきた。

「農林次官をやったのが大手乳業メーカーの副社長に天下りしていて、竹内が主婦を扇動して我々に数十億の損害を与えた、けしからん、やめさせろとねじ込んだんです。日本の高級官僚の大半は公僕という意識なんて全くなく、業界の下請けを平気でやり、自己の栄達を図ることに汲々《きゅうきゅう》としている」

「人事院にも出向したからわかったが、日本の官僚組織は欧米とは大分違う。政治家になるための予備校的感覚で役人になったり、公益法人と称して必要もない外郭団体を作って役員に天下りしたり。天下りは補助金という持参金付きだから、税金の莫大な無駄遣いです」

「規制緩和が問題になっていますが、役人が許認可権にこだわるのは、手放せば自分たちのクビ切りにつながるから。日本のように社会が成熟すれば、小さな政府でいい。民間がリストラに努めているんだから、役所だって当然リストラに励むべきです」

明快で痛烈な指摘は小気味よかった。硬骨漢の見本のような七五歳。――帰りしな、竹内さんは立ち話で、こうも言い添えた。

――官僚は公僕なのに勘違いをし、「オレたちが国を支えている」と本気で思い込み、議会を「お荷物」視し、主権者の国民を「衆愚」視して、何も知らせようとしない。大事なのは、国民が「東大出などのキャリア官僚は優秀」という間違った思い込みから先ず抜け出すことです。

消費者の側に立つ

竹内直一（敬称略）は一九一八（大正七）年、京都市中京区に生まれた。父は商人で、両親とも「進学も就職も好きなように」と本人任せにする人柄だった。府立一中～旧制三高当時は柔道や陸上競技に打ち込み、体づくりには食べ物が何より大事と気づく。

東大法学部へ進み、たまたま本郷の古本屋で『農村青年報告』という本に接する。当時の農村の実態や農民の苦しみを知り、農業政策に尽くす気を固める。四一（昭和一六）年に高文試験に合格し、農林省入りが決まる。同年暮れ、太平洋戦争が勃発。繰り上げ卒業～海軍主計中尉として南方戦線へ送られ、戦火をかいくぐり辛酸をなめる。

敗戦後の四五年暮れに帰国、復員し、農林省へ。キャリア官僚として順調に歩む中、飼料課長に任じて働く六一（昭和三六）年に自民党党人派の「暴れん坊」河野一郎が農林大臣に就き、風向きが変わる。飼料会社オーナーでもある河野は、飼料払い下げをほしいままに行おうと企て、生産者団体側に立とうとする竹内との間で強い摩擦が生じる。

上司の畜産局長は実力者の河野に尻尾を振る男で、同僚の課長連中もその威勢になびく者が大半。孤立する竹内は局内で深夜まで吊し上げを食ったりした。彼はこう振り返る。

――目端が利く者は皆忠勤を励み、河野邸が東京・目黒に新築されると営林局長が立派な庭石や庭木をせっせと運び込む。みんな管下の国有林から勝手に持ち出してきたものでした。

権力者に刃向かう役人は徹底的に干される。竹内に愛知用水公団東京事務所長への出向命令が下る。職員はほんの数名で、仕事は理事長のカバン持ちと農林省や大蔵省など上級官庁への連絡折衝の下請け。政界人や高級官僚らのご機嫌を取り結ぶ役回りに二年余り耐え、宮仕えの悲哀をかこつ。

が、どうにか農林省に戻り、大臣官房経理課長の座へ。六五（昭和四〇）年に経企庁へ出向し、新設された国民生活局の参事官（局次長相当）に任ずる。生真面目な竹内は商品の不当表示問題や独禁法違反のヤミ再販問題などを取り上げ、国会の商工委員会などで野党委員に追及してもらい、消費者側に有利に運ぶよう取り計らう。

翌々年春、農林省は牛乳の小売価格（六七年当時で一八〇ccが二〇円七〇銭）を一本二円値上げしたい、と内閣に申し入れる。同省はそれまでも行政指導の形で「一円上げろ」「二円上げろ」と各県に通達。実質的な公定価格で全国一律一斉の値上げがまかり通っていた。竹内は消費者の側に立ち、このような慣行はもはや許されぬと判断。野党側に働きかけ、国会で倉石忠雄農相が厳しく追及され、値上げ案は撤回へ追い込まれる。

乳業メーカー各社は値上げ幅も値上げ時期もばらばらに陥り、大慌ての体に。このため元農林次官で森永乳業副社長に天下りしていた男が「農林省出身の竹内という男が消費者を扇動し、業界に数十億もの大損害を与えた。即刻、首を切れ」と農林省へ怒鳴り込む。

翌年、竹内は農林省に戻され、「大臣官房付き」というヒラの身分に。事務次官から「辞めて民間に行け」と宣告され、退職金や年金の計算でワリを食うヒラ扱いでの退職に追い込まれる。彼はこう述懐する。「官僚機構の秩序を乱す者はこんな目に遭うぞ、という見せしめのお仕置き。日本の官僚の大多数が業界の顔色をうかがって仕事をし、国民の幸せを考えようとしない何よりの証拠です」

「日本のラルフ・ネーダー」

農林省を退官後まもなく、竹内は身一つで日本消費者連盟を旗揚げし、活動に乗り出す。七〇（昭和四五）年、経企庁在籍当時に集めた資料を基に「不良商品一覧表」を公表し、各社の欠陥商品を社名入りで厳しく追及する。さらに、強引な訪問販売や街頭でのキャッチ・セールで英会話教材などを売りつける米国系のブリタニカ商法を東京地検に告発。勝利を収め、男性参加の「告発型」と言われる消費者運動を新たに切り開く。

当時は街中の豆腐屋さんが防腐剤として常用していた食品添加物ＡＦ２の毒性に注目。マスコミなどとも共闘して追放運動に乗り出す。七四年にＡＦ２の発癌性が実証され、使用禁止へ持ち込む。その戦闘的な運動スタイルから「日本のネーダー」（注：ラルフ・ネーダーは環境問題や消費者の権利保護問題などに長年取り組んだ米国の社会運動家・弁護士）と呼ばれるに至る。

同年、「すこやかないのちを子や孫の世代へつなぐ」ことを理想に掲げ、各地の草の根運動の結集に乗り出す。有害食品・不当表示・詐欺的商法・原子力発電・農薬など幅広い分野で「消費者主権」の確立を目指す運動を展開。八〇年代以降は国際交流にも力を入れ、八九（平成元）年には「アジア太平洋消費者会議」を東京で開く。マレーシアの熱帯雨林地域サラワク出身の女性から「日本への木材輸出で、私たちの森は後十年で裸になる。日本の山は青々と茂り、人々は割りばしを平然と使い捨てにしている」となじられ、恥じ入ったと言う。

竹内さんは筆まめで、文章を綴るのを苦にしなかった。著書『日本の消費者はなぜ怒らないのか』（三一書房、九〇年刊）から、胸に響く指摘を以下に抜き書きすると、

①地球の掟《おきて》：人類が地球の自浄能力以上に資源を使い、エネルギーを使うと、地球は「廃熱地獄」と化し、滅んでしまう。人類の行動は地球にとって癌細胞的な行為だ。

②自然破壊と砂漠化：大草原地帯だった北米の中西部は百年ほどで砂漠化した。白人たちのパイソン狩り、牛や羊の草食、降雨による表土の流出のせい。エジプトやメソポタミア・ギリシャなども同断。砂漠化と同時に文明が滅び、地球の窮乏化が進行していく。

③ハウス栽培の害：石油が安く入るからと、真冬の東北や北陸などでもじゃんじゃん燃やし、キュウリやナス・トマトにミカンまで夏の温度にして作る。横綱格はメロンで、一個をこしらえるのに一八リットルも使う。おまけに、ハウスものは農薬を使わないと育たない。

④リゾート法（八七年施行）：国土保全のための森林法と農地法に風穴を開け、保安林までゴルフ場にすることが可能に。利権亡者の餌食《えじき》化、列島破壊に拍車をかける亡国法。

⑤地球温暖化防止：八九年に世界六九ヵ国が「二酸化炭素原則凍結」を宣言。だが。「二〇〇〇年までに三〇パーセント削減」の目標が後退、「精神訓話」然とした代物に。日・米は案の受諾を保

留。恥さらしにも、日本代表は原案つぶしに奔走した。

竹内さんは〇一（平成一三）年、大動脈瘤破裂のため八三歳で亡くなった。日本の官僚出身者には稀な視野の広さを具え、社会正義に極めて敏感な人物だった。こういう優れた人材をあたら弾き出してしまう歪《いびつ》な政治風土と情けない官僚機構の在り様に、暗澹《あんたん》たる思いを抱く。

〈『大法輪』二〇二〇年二月号〉

北裏喜一郎さん

「経営の決定には情緒的な要素が必要」

きたうら・きいちろう（一九一一〜一九八五）

野村証券元社長という経済人だが、哲人の風格さえ漂う深い見識を感じさせた。青年期に胸を患い禅門に学んで名僧知識と接し、人生の機微に触れる。この人と話し、私は人間の在り方について、貴重な示唆を数々頂戴した。肩書だけで人間を軽々に判断すると、間違ってしまう。

山本玄峰師の思い出を語る

もう三〇余年も前になる。朝日新聞の記者だった私は北裏喜一郎さんを日本橋の野村證券本社でインタビュー（記事は五八年四月一六日付け夕刊一面）した。午後一時半から一時間の約束が、なんと三倍の三時間にも延びた。生い立ちや社会生活などをめぐる本題から脱線し、北裏さんが青年時代に指導を仰いだ希代の禅僧・山本玄峰師の思い出話にとっくりふけったためだ。

北裏喜一郎さん（1983年撮影、朝日新聞社提供）

やりとりが約束の一時間に迫るころ、なんの拍子か北裏さんはぽつんとつぶやいた。

——坊主にはエライもんがおるでぇ。

それまでの標準語調の口ぶりが急に関西弁へ変わる。水を得た魚のように能弁になり、北裏さんは時間におかまいなく、山本玄峰師が生前いかに「エラかった」かを延々としゃべった。面白い逸話が次々と飛び出し、私は飽きることなく有難く拝聴した。

北裏さんは一九三三（昭和八）年に旧神戸商大（現神戸大）を出て野村証券に入社するが、八年後に肺結核を発病する。日本がちょうど太平洋戦争に突入する時期とも重なり、前途を半ばあきらめ療養を兼ね静岡県三島市の臨済宗・龍沢寺に三年間、身をあずける。参禅するため法衣をまとって読経三昧に明け暮れ、素足にわらじ履きで托鉢にも出かけた。

三島といえば、「♪三島の女郎衆はノーエ」と来る民謡『ノーエ（農兵）節』で有名な三島遊郭が戦前は名所だ。一方、龍沢寺住職の玄峰師は熊野本宮大社や湯の峰温泉で知られる和歌山県本宮町湯の峰の生まれ。一〇代のころは熊野川の筏《いかだ》流しをやり、遊里にも出入りした。野育ちの磊落《らいらく》さがあり、高年になっても三～四合の晩酌を欠かさぬ酒豪でもあった。遊郭への偏見など一向になく、郊外の寺から繁華街外れの三島遊郭を指し、師を先頭にてくてく托鉢行へ向かう。北裏さんは言った。

――（路地へ現れた女郎衆は）師匠にだけわっと群がり、我先にお賽銭《さいせん》を差しだす。人の値打ちが、もうパッと一目で判るんやな。お付きの衆らは、みんな指をくわえてるだけ。（修行をしっかり積んで）早う、ちゃんとお賽銭がもらえる身にならんとあかん、と思うたもんや。

玄峰師の逸話では、師がかかわった終戦秘話も外せない。敗戦当時の鈴木貫太郎首相（元海軍大将）と昵懇《じっこん》の仲で、「耐え難きを耐え、忍び難きを忍び」終戦工作に鋭意専心するよう書簡で励ました、と言われる。この名セリフが昭和天皇の終戦を告げる玉音放送で使われたのは、周知の通り。

玄峰師は六一（昭和三六）年六月三日未明、九六歳で遷化する。前年暮れに狭心症の発作で倒れ、一ヵ月後に再び容態が悪化するが、持ち前の気力で再々持ち直す。四月半ばに絶筆を揮《き》毫《ごう》し、五月下旬から絶食を始め、六月二日夜に「旅に出る。支度をせい」と言い、意識が途絶えた。絶食に入ってまもなく、玄峰師は北裏さんに「遺言がある」と伝えて枕元に呼び寄せ、こう言い残す。

――アメリカは肥った豚じゃ、貪欲で切りなく喰い尽くそうとする。ロシアは飢えた狼じゃ、相手が弱っとると見ると襲いかかる。どっちも世界の人々に仇をなす。ようく心することじゃ。

――地球は、どんどん裸になるばかりじゃ。木をどしどし植えてやらにゃ、あかんよ。

当時の日本は、本格的な高度成長に入る前である。「公害」とか「地球温暖化」なんて、だれの念頭にもなかった。北裏さんはこの遺言を受け、後述するニューギニアでの熱帯雨林伐採跡地での人工造林事業に側面から尽力するに至るが、玄峰師の卓抜した先見の明にはただただ驚くほかかない。

パプア・ニューギニアに行く

玄峰師の回想談が一段落して、北裏さんは少々ナゾめくこんな言葉をつぶやいた。

――私の郷里（太平洋に面し、元カナダ移民らの異郷めく「アメリカ村」で知られる和歌山県美浜町）では、子供のころ「首取りごっこ」という遊びがあった。ニューギニアの子供の遊びにそっくりなのがあり、細かいところまで全部同じ。元々日本人はボートピープルやし、きっと向こうから伝わったんやな、と合点がいった。

その折は正直言ってピンと来ず、何やら突拍子もない話だなと感じただけである。それから数年して、パプア・ニューギニアと縁が深い親しい知人とたまたま話し込むうち、そのナゾが解ける。

大手製紙会社に勤める彼は中年を過ぎ、ニューギニア政府と合弁の子会社へ出向した。現地の熱帯雨林は製紙の原料用などに年々大量に切り出され、あちこちがハゲ山・ハゲ地状態に陥っている。その伐採跡地に似通う樹種の苗木を大量に植え、樹林の原状回復をめざす野心的プロジェクトの現地責任者が彼の役割だ。苗木は一〇年も経てば高さ一〇メートルほどの大木に育つ。示した写真には、無数の高木がうっそうと生い茂る様子が映り、なるほどと合点がいった。

現地では言うに言われぬ苦労がある。作業員は気心のよく知れぬパプア・ニューギニア人が大半。若年層の婚礼や親族の葬儀があれば、ジャングル奥地の集落へ出かけねばならない。ヤシ酒を酌み交わし、見よう見まねで踊りの輪にも加わる。雨季には土砂降りの豪雨に襲われ、一台数千万円もする大型ブルドーザーが泥地にはまり故障する。その点検、修理には、日本のメーカー側との折衝が欠かせない。苦労話が一段落し、思いもよらぬ北裏さんの名が彼の口から飛び出す。

――（社長・会長職の）エライさんでは、北裏さんだけが現地にまで足を運んでくれた。飯場もどきの汗臭い作業員宿舎なんかも覗《のぞ》いて、現場の苦労を肌で知ろうとした。

実は、高度成長期の頃の野村証券は望みのあるベンチャー企業に対し積極的に融資し、財政的な面倒をみていた。北裏さんの前後には瀬川美能留や田淵節也といった名の通った経営者が在職しているが、パプア・ニューギニアの現地には足を運んでいない。

――北裏さんは一見地味だが、歴代トップの中でも飛び切り傑物だな。

彼は口を極めてそう称賛し、私もうなずいた。ほんとに世間は狭い。彼とのやりとりで、頭の片隅にずっと引っかかっていた「首取りごっこ」のナゾが一遍に解ける思いがした。

好奇心旺盛な北裏さんのこと、ガイドの手引きでジャングル奥の集落にまで出かけ、子供たちの遊びをじっと観察。その昔の自分らの遊戯との酷似性を見抜いたに違いない。パプア・ニューギニアの原住民には、「首狩り族」と称される部族が実際に存在する。

ちなみに、部族の中には数人乗りの大型のカヌー（丸木舟）を操り、食糧や果実などの交易物資を積み込み、数週間単位の遠洋航海を試みる向きもあるらしい。黒潮の流れにうまく乗れば、日本列島の土佐や紀州の沿岸にたどり着くこともあり得よう。古代には、旧百済系統などの少なからぬ人々が政治的難民として日本に逃れてきたようでもある。そう考え併せると、「日本人はボートピープル」という北裏さんの発言も、突飛でもなんでもなく、しごく的を射た指摘だと納得がいく。

「バブル崩壊」を予知

北裏さんは、証券マンの本業とは一見無関係に映る余技をたしなんだ。レコードにもなった童謡「アメコンコ」の次のような作詞である。「あめのわ、あめのわ、しずくのわ／きん、ぎん、みどり／いつつのわ／クルクルまわって、アメコンコ」。童心の持ち主でないと、なかなかこんな歌詞は浮かんでこない。北裏さんは事業家との一人二役について、私にこう言った。

――情緒の世界に浸っていると、ビジネスに必要な勘も自然にわいてくる。

そして、活字になった彼の「語録」には、以下のような述懐がある。

――およそ世の中のリーダーたる者は、老いも若きも共感を感ずる世界、すなわち情緒の世界を失ってはならない。経営の決定にもこうした情緒的要素が必要で、情的な世界を自ら求めるように心がけないと人間性を失い、判断力を失う。

――社長の仕事は最終的に判断することだが、この判断は仕事の中では生まれない。放念散心の中で生まれる。だから僕は遊ぶんだ。

そう説く北裏さんにいかにもふさわしいエピソードを一つ紹介する。

二〇世紀前半に書家・篆刻《てんこく》家・陶芸作家・美食研究家として活躍した北大路魯山人という奇才がいる。大正末期に北鎌倉の山懐に工房「星岡窯」を築き、イサム・ノグチと山口淑子夫妻も一時期ここで暮らした。魯山人が亡くなって半世紀余り、施設は荒廃寸前に陥る。その折、同地を譲り受けて窯を再興し、施設の修復管理に鋭意努めたのが他ならぬ北裏さんだ。彼が口にした「遊ぶ」とは、芸者遊びや麻雀・ゴルフの類に非ず、「放念散心」の清遊を指している。

差しでの長時間の対座で、私は北裏さんの挙措・風貌や話しぶりにすっかり魅了された。それまで経済人では松下幸之助・稲山嘉寛・安西浩・大槻文平・江戸英雄・瀬島龍三……各氏ら錚《そう》々たる面々にもお目にかかったが、北裏さんの感触は一味違った。実業家というより書斎人―哲人といったイメージに近く、頭抜けた知性派という印象を強く受けた。その辺りを理解していただく一助に、冒頭の顔写真を篤と御覧あれ、と願う。

インタビューの結びに、北裏さんは独り言のようにつぶやいた。「三年後か五年後、信用経済体制が膨張し過ぎて破綻を起こしそう。新しい経済理論が現れないと、世界は救われませんな」。

取材当時、日本はバブル経済の真っただ中にあった。株価や地価は天井知らずに上昇を続け、銀行は土地を担保に庶民相手でもいくらでも金を貸し付けた。だが、バブルはいつか破裂する。北裏さんの怜悧な頭脳と深い見識は「破裂」を予知し、いち早く世間に対して警告を発していた。「三年後か五年後」と時期を明確に予告するところが、いかにも北裏さんらしい。取材時期は一九八三年で、バブル崩壊の始まりは一九九〇年秋とされるから、予告の「五年後」と二年のずれしかない。

北裏喜一郎さんこそ、先見性に富んだ真に見識のある人物だった、と心底感じる。

〈『大法輪』二〇一六年一〇月号〉

第34章　経営のコツ②

松下幸之助さん

「一つことに執着することやな」

まつした・こうのすけ（一八九四～一九八九）

裸一貫からたたき上げ、巨富を築いたご存知「経営の神様」だ。宗教がかった「水道の哲学」を口にし、労組とも足並みは一致。ＰＨＰ運動を唱えてベストセラーの経営指南書を連発し、次代の政治リーダー育成を謳って松下政経塾を創立する。話題豊富な御仁である。

推進したＰＨＰ運動

はるか昔になるが、私は亡き松下幸之助氏と差しで面談している。当の取材は朝日新聞夕刊一面の目玉企画「新人国記'83・和歌山県」編の一こま。まずは、一九八三（昭和五八）年四月四日付けの関係紙面を引くと、

――「今太閤」と天下に知られる松下電器相談役松下幸之助が、和歌山県人であることは案

松下幸之助さん（1983 年撮影、朝日新聞社提供）

外知られていない。名誉県民の称号をもらった本人自身も、「大阪住まいが長いし、県人意識はあまりないですな」と、持ち前の率直さではっきり口にする。

松下が庶民に根強い人気を持つ所以の第一は、学歴も金もない裸一貫から身を起こした生い立ち。和歌山市の農家に生まれ、父が米相場で失敗したため、小学校も卒業せず、九歳で大阪に丁稚《でっち》奉公へ。転々と職を移った後、二二歳で独立して電気部品の事業を始める。五人で始めた町工場が六六年後の今日、関連会社も含め七九五社、一五万人の世界的な巨大企業集団になった。「ようやったなあ、と自分で自分の頭を撫《な》でてやりたい位ですわ」。

「世界の松下」へ躍進する最大の秘密はカリスマ性を帯びたその卓抜な指導力。昭和七年、松下は全従業員を集め、こう説いた。「産業人の使命は貧乏の克服。生活に必要な物資を水道の水のように安く、無尽蔵に提供しよう。そして、四百四病の病より辛い貧乏を、この世から追放しよう」。その熱誠が従業員の心を打つ。創業時に片腕となり、戦後、三洋電機を創立してライバルに変じた義弟の故・井植歳男は「兄貴の会社は新興宗教や、マネできんわ」とボヤいた。

百戦の大阪商人としてソロバンの方もガッチリ。松下の工場は全国の多くの県にあるが、郷里の和歌山はゼロ。「交通の便が悪く、地価も高い。そやから、あきまへんのや」。「水道の哲学」に始まる松下の思想は、戦後、ＰＨＰ運動や松下政経塾の設立へ発展する。「経済的繁栄によって社会に平和と幸福を」と謳うＰＨＰ運動では、月刊誌が今一五〇万部。松下の教祖的人気の一面を示す。「一つことに執着することやな。政経塾でも、見込みがあるのは一途な人間。なまじ小利口なのは、あかん」。

眼光に人を射る力があった。――

彼がセミナー開催や出版活動を通じて推進したＰＨＰ運動は、Peace and Happiness through Prosperity の頭文字から発していて、「繁栄によって平和と幸福を」の意。運動を開始したのは敗戦翌年の四六（昭和二一）年。敗戦直後の窮乏、荒廃した世相に強い衝撃を受け、この運動の推進を決意した、という。

松下は三五年に旧来の個人経営を株式会社組織に変更。それまでの各事業部を個々に独立させ、一〇の会社に分割する。社員各自が責任意識に目覚め、創意工夫が出てくる、と踏んだからだ。その折、傘下の販売店に配布した「商売戦術三〇箇条」の内容がなかなか面白い。第一条「商売は世の為人の為の奉仕にて、利益はその当然の報酬なり」。第五条「取引先は皆親類にせよ、之に同情を持って貰《もら》えるか否か店の興廃の岐《わか》るゝ処」。第一〇条「百円の御客様よりは一円の御客様が店を繁盛させる基と知るべし」等々。

人情の機微をうがつ観察眼が光り、松下がなかなかの人間通だったことをうかがわせる。

「松下労組」が「追放」を救う

戦後間もない一九四六（昭和二一）年三月、松下は事業家生命を断たれかねぬ大ピンチを迎える。戦時中に軍の命令で木造の軍用船や軍用機を製造した行為をとがめられ、占領軍から松下電器グループに対して生産停止命令が下ったのだ。「財閥家族」の指定、「賠償工場」の指定、公職追放……と矢継ぎ早に七つの制限を受け、松下電器は解体の危機に見舞われる。この折、「制限会社」に指定されたのは「三井」「三菱」「住友」など全三三社。

日米戦争は開戦二年目の四二年、ミッドウェー海戦とガダルカナル島攻防戦で航空戦力に決定的打撃を受け、戦況が激変。以後、日本軍は敗走の一途をたどる。戦況盛り返しを策する軍当局から松下に対し、「船を造れ」と要請が下る。二百馬力のエンジンを付けた二五〇トンの戦時標準型洋式船を木造でこしらえろ、という事実上の至上命令だ。やむなく松下は翌年四月、郷里の和歌山から船大工をかき集めるなど社員三〇〇人の「(株)松下造船」を設立。非常突貫体制で船の製造に取り組み、同年暮れに第一船を進水させ、敗戦時までに五六隻の洋式木造船を建造している。

この実績に海軍航空本部総務部長の大西滝次郎海軍中将が注目する。死を覚悟で爆弾ごと体当たりする海軍特攻攻撃を案出、指揮し、敗戦時にその責任を取り自決した人物だ。松下は「ベニヤ板で月産二百機の軍用機を造れ」と大西から指令を受ける。やむなく、技術者を急いでかき集め、「(株)松下飛行機」をにわか仕立てで設立。同じく非常突貫体制で取り組み、四五年一月末に強化合板製の航空機「明星」(時速三五〇キロ)一号機を完成させ、敗戦時までに三機を完成させている。

幸之助の胸に(ちっぽけな一松下が三井・三菱など大財閥と同等に見られたら、敵わんがな)と怒りに近い不当感が渦巻く。松下家の財産目録などトランク二杯分の英訳書類を作成。役員一人との二人連れで、超満員すし詰めの旧国鉄「東海道線」列車で上京する。病弱な体で毎週のようにGHQ通いを重ね、「不当処分」への抗議を繰り返す。

救いの手が思いがけぬ方向から伸びる。「社主・幸之助は『松下』の大黒柱。追放解除がどうしても必要」と全従業員一万五千人の大半が「追放解除」嘆願書に署名・捺印。松下電器労働組合の代表十数人が上京、GHQを始め関係方面に陳情する。一万数千通にも上る「嘆願書」はGHQ担当官を揺り動かす。四七年五月、当時全く異例の措置として松下幸之助の追放指定解除が為される。

ちなみに、松下電器労働組合の発足は敗戦後まもない四六年一月で、幸之助が「追放」指定される直前に当たる。全従業員一万五千人・四二支部から成る「松下労組」発足大会を大阪・中之島中央公会堂で開催。幸之助は招かれぬまま出席し、「一言祝辞を」と壇上に立つ。

――組合と会社は立場は違うが、社会並びに社員個々の生活の向上に向かって、互いに協力し合っていくのが本来の姿である。真理は一つ、それに従えば双方の意見は必ず一致する。

会場から一斉に拍手がわき、歓声が上がる。来賓として壇上に居並んだ一人の加藤勘十氏（旧社会党右派の衆院議員）は後に「（意外で）本当にびっくりした」と正直な感想を漏らしている。

社主と労組との親密関係はその後も長らく続く。八三（昭和五八）年には、松下電器労組委員長を二〇年務めた高畑敬一氏を幸之助は取締役に抜擢《ばってき》している。同氏は私に対し、こう語っている。「労働条件などをめぐって応酬するうち、肝胆相照らす仲になった。七〇年にテレビの二重価格制を婦人団体や消費者団体などから追及された時、冷静に対処するよう助言して認められたようだ」。

「松下政経塾」を設立

彼には三〇冊近い著書があり、大半は「ＰＨＰ研究所」の刊行で発行部数ン十万部を数えるベストセラーばかり。同研究所調べ（二〇一一年時点）のベストセラー上位三点は①『指導者の条件』九九万六千部（七五年、ＰＨＰ研究所刊）②『商売心得帖』九〇万三千部（七三年、同）③『物の見方　考え方』（六三年、実業之日本社刊）八六万部。

私はこの三点を入手し、メモを取りながら精読した。心を引かれる行を列記すると、

▽「明朗公正な競争を」：勝ちたい一心からの不公正なやり方はダメ。不当な値下げは取引を乱脈にする。弱体な乱売に明け暮れる不安定な業界は消費者や社会に損害を及ぼす。
▽「人を集める第一歩」：日本社会の一番の欠陥は人を粗末に使ってること、多くの人を無為に動かしてること。そこに気づき、ちゃんと是正すれば、人はいくらでも得られる。
▽「長所を見よ」：部下を見る時、長所を見るのに七の力を用い、欠点を見るのに三の力を用いるのがいい。秀吉は主・信長の長所を見るよう心がけて成功し、明智光秀は短所が目について失敗した。
▽「一人の責任」：自分は小企業も中企業も大企業も全部経験したが、結局は主が一番問題。主が率先垂範していけば、一切は解決される。部の責任は部長に、課の責任は課長に係る。部下にいたわりの心を起こさせる一生懸命な上司の姿があれば、その組織はうまくいく。
▽「六〇パーセントの見通しで後は勇気」：百パーセント確実な見通しは人間には無理。六〇パーセントの見通しと確信ができたなら、後は果敢に取り組む勇気と実行力が百パーセントの成果を生み出す。
▽「経営者の心根」：従業員が数人の小企業のうちは率先垂範で「ああせい、こうせい」で済む。が、百人〜千人となると別で、心の底で「こうして下さい、ああして下さい」でないとダメ、万人単位ともなれば、「頼みます、願います」と手を合わす心根がないといけない。

晩年にさしかかった七九（昭和五四）年、彼は私財七〇億円を投じ、神奈川県茅ケ崎市に「松下政経塾」を設立する。政治を志す若者が少ないのを憂え、次世代の国家指導者育成を期した。政界再編期の九三年総選挙で日本新党から塾生出身の七人が当選して脚光を浴び、一一年には一期生出身の野田佳彦が民主党代表に選出され、首相に就任。前原誠司・玄葉光一郎・樽床伸二らが入閣し、「松下政経塾内閣」とも呼ばれた。

目下は衆院に逢沢一郎・小野寺五典・高市早苗ら自民党一三人（うち女性二人）、国民民主党に前原・原口一博ら三人、無所属に野田・玄葉ら三人など都合二五人が在籍。参院にも自民の六人や福山哲郎立憲民主党幹事長など計一〇人が在籍（一九年六月現在）する。他にも村井嘉浩宮城県知事ら地方自治体の首長や議員をはじめ、経営者・大学教員・マスコミ関係者など各界で活動する人材を生んでいる。

合理主義の松下さんは無駄を嫌った。私のインタビューに際しても、一時間という要請を半分の三〇分に値切った。無駄がない要領のいいやりとりだったが、味わいに欠け、前章の北裏喜一郎さんのような滋味は全く感じなかった。この人と再会したいとは少しも思わない。

〈『大法輪』二〇一九年一〇月号〉

瀬島龍三さん

「頭脳役になるのは僕の定め」

せじま・りゅうぞう（一九一一〜二〇〇七）

戦前は陸軍のエリート参謀、戦後は切れ者の財界人。稀有な一人二役をこなした不可解な人物だ。怪物ともいうべき対象をどう捉え、どう伝えたらいいいか、私は記者として苦しんだ。情報不足と力量不足が祟り、忸怩《じくじ》たる思いと後味の悪さを未だに引きずっている。

正体不明の「怪物」

私は朝日新聞記者として彼に単独インタビューを二回試み、紹介記事をそれぞれ記している。ここでは、より詳しく報じた二度目の折の一九八九（昭和六四）年当時の紙面（九月五日付け富山版：概要）を引く。

――「毎日腹ペコだったシベリアの抑留生活でも、友が病気になれば、自分のパンをちぎっ

「伊藤忠相談役」当時の瀬島竜三さん（1985年7月20日撮影、朝日新聞社提供）

て差し出す者がいる。逆に、人のパンをかすめる者もいる。これはもう、旧軍の階級とか学歴ではない」「人間の最も尊いものは何であるか、を感じさせられた」と言う。

陸（軍）士（官学校）・陸大を首席で卒業。二七歳で陸・海両軍の作戦・用兵を担当する大本営参謀に。戦時に設置される大本営に抜擢されるのは、陸、海軍とも飛び切りの秀才だった。

敗戦の日が近い昭和二〇年七月、大本営参謀から関東軍参謀に転出。停戦交渉に赴いて、そのまま抑留され、軍事裁判の結果、長い虜囚生活へ。鳩山（一郎）内閣の日ソ交渉の成果で三一年夏、一一年ぶりに帰還。体重四五キロ、骨と皮だった。二年後、伊藤忠から誘いを受け、平社員待遇の嘱託として就職する。翌年、社員として正式入社。「経済界で活躍しようなんて、夢にも思わなかった」

就職早々、当時の社長に呼ばれ、「売り買いは一切しなくていい。海外を回り、世界や日本が今後どう変わっていくかを見定めてほしい」と言われた。「内外情勢の変転は、経営の根幹に関わる。どこかで戦争が起きると、これを巡って上下何十億もの損得になるのが総合商社だから」

その期待に応えて、時勢を的確に見通し、伊藤忠の経営に大きく貢献する。四二年のアラブ・イスラエル戦争、近年のベトナムによるカンボジア占領、イラン革命などの修羅場で、先見の明を示したとされる「瀬島神話」は数多い。機に臨み、機略縦横の采配で辣腕《らつわん》を揮《ふる》い、伊藤忠を繊維中心の「糸へん商社」から国際的な総合商社に押し上げた。自らも旧軍時代に負けないスピードで、出世街道を駆け上がる。

伊藤忠の現役を離れた最近は、中曽根政権以降の歴代内閣で行財政改革などの重要な役割を演じ、「政財界の参謀役」さながら。「頭脳役になることは、生まれた時からの僕の定めだと思っている」とサラリと言う。（以下略）――

私は元々経済方面には疎く、金に絡む生臭い話は苦手だ。彼にもダーティな部分はきっとあるはずと思ったが、情報不足もあってろくに切り込めずに終わった。最初の取材の際は、正体不明な破格の「怪物」をどう描けばいいか、二晩ほど夢うつつにも思い悩んだ記憶がある。結局、二度の記事とも彼の言い分をそのまま伝える形で終始したという後ろめたさが残る。

尋常一様な商社マンではない

この記事を記してから七年後の九六（平成八）年に出版された『沈黙のファイル――「瀬島龍三」とは何だったのか』（共同通信社刊）を読み、私は強い衝撃を受けた。同書は共同通信社会部のベテラン・中堅層の記者四人が取材・執筆を担当。日本の敗戦時から戦後まもなくの復興期にかけての立ち入った事情をよく知る生き証人を求め、遠くモスクワやソウルなどにまで飛び、生々しい貴重な証言を引き出している。

例えば、旧極東ソ連軍総司令官ワシンスキー元帥の副官を務めたコワレンコ元情報将校はモスクワで「瀬島は事実を歪めている」と当時の日記などを基に、こう証言する。

――瀬島は極東軍事裁判で証人喚問を受けた際、対ソ作戦計画への直接関与を否定したが、実際は旧日本陸軍のソ連沿海州への侵攻作戦立案に参画していた。シベリア抑留後、一ヵ月余に及ぶ取り調べを受け、「偽レル陳述ヲナシ、陳謝致シマス」と供述。ソ連国内でのスパイ行為も認めたため、「二五年間の自由剥奪と強制労働に処す」と判決が下った。

このスパイ行為とは、一九四四年暮れから翌年初めにかけ彼が外交伝書使（クーリエ）として偽名で東京～モスクワ間を往復した行為を指す。彼は自筆の供述書で「独ソ戦の推移、ソ連軍の極東移動についての情報収集のためだった」と認めている。なお、コワレンコは旧関東軍将兵のシベリア抑留は「スターリンの命令だった」と明言。一部でささやかれていた瀬島ら旧高級参謀ラインによる「抑留」密約説を明確に否定したのが、せめてもの救いだろう。

そして、ソウルで取材に応じた崔英沢氏（元ＫＣＩＡ幹部）の証言も生々しい。

――（日本の政財界のフィクサー役だった）児玉誉士夫氏の邸内で瀬島さんを初めて紹介された。その後、（上司の）金鐘泌ＫＣＩＡ部長のソウルの自宅でも児玉氏の仲介で彼と出会った。

他の商社に先駆けて金部長と出会えた意味は（対韓ビジネス上で）大きかったはずだ。五一（昭和二六）年にスタートした日韓正常化予備交渉は賠償金支払い額や竹島領有問題などをめぐり難航。一〇年を超すマラソン交渉となり、金部長の意を体する崔氏は自民党党人派の雄・大野伴睦や河野一郎、そして両人と親しい右翼の児玉譽士夫に接近する。世田谷区等々力の児玉の豪邸で伊藤忠業務本部長（入社四年）当時の瀬島に引き合わされたという証言内容は、かの悪名高い児玉とのただならぬ仲を意味し、瀬島が尋常一様な商社マンではなかったという事実を示している。

伊藤忠商事での急出世の秘密

同書は書き出しの部分で、戦後日本の対インドネシア・対韓国の賠償問題を取り上げる。戦中の日本軍のインドネシア占領支配に対する賠償は五七（昭和三二）年、岸首相とスカルノ大統領との会談で総額八百三億円の支払いで決着。一二年間に毎年二千万ドル相当を「現物」で、先方が必要物資などを日本企業に注文し、代金支払いは日本政府が保証するシステムだ。注文さえ取り付ければ代金の取りはぐれがなく旨味の多い商売だから、日本の各商社は血眼で争奪戦を繰り広げた。

伊藤忠はインドネシア政府にツテがなく、裏交渉には政財界に顔が利き、瀬島とはツーカーの児玉のパイプは貴重だった。伊藤忠はジープの納入や紡績工場のプラントにテレビ局の設備等々と賠償がらみの商談を次々受注。児玉は多額のリベートを懐にし、瀬島は出世階段に着々と足場を築く。

対韓賠償でも瀬島は辣腕《らつわん》ぶりを示す。八〇（昭和五五）年に「旧体制一掃」を掲げる全斗煥政権が誕生。日本側では岸（信介）・福田（赳夫）ラインによる旧来の親韓勢力が弱まる。瀬島がモデル視された作家・山崎豊子の小説『不毛地帯』の韓国語訳本がたまたま発売され、韓国最大財閥「三星グループ」会長・李秉喆が愛読して瀬島を崇拝。全大統領や政権Ｎｏ・２の盧泰愚らに引き合わせたことから、瀬島の韓国政権中枢への食い込みが始まる。

八三（昭和五九）年の中曽根訪韓の際、「日韓関係妥結へ密使役を」と頼まれ、瀬島は前年暮れに空路韓国へ渡り、釜山空港ビルＶＩＰルームで全斗煥腹心の与党幹部と密談。援助額四〇億ドル（円借款一七億ドルと銀行融資二三億ドル）で合意し、年明けの中曽根訪韓が正式に決まる。九〇年の盧泰愚大統領来日の折にも舞台裏で動き、海部俊樹首相の特使として青瓦台へ盧を訪問し、お膳立てに動いた。

旧軍人同士のパイプを生かせる防衛ビジネスでも活躍。二次防でのバッジ・システム商戦で、奇跡的な逆転勝利を伊藤忠にもたらす。業務本部長として防衛庁の情報収集に奔走。旧陸軍での後輩らを築地の料亭で接待するなどし、最終的に自社が扱うヒューズ機の売り込みに成功している。

伊藤忠に四七歳で入社した後、一〇年で専務、二〇年で会長にまで上り詰めた秘密は、単なる頭脳の明敏さというきれい事だけでは説明がつかない。時には手を汚してでも、自社に大きな実利をもたらした貢献度が認められての急出世だった、と解するのが正しかろう。

一九七二年の証言

戦前はエリート軍人、戦後は切れ者の財界人という変身ぶりへの各方面からの批判に対し、瀬島は一貫して沈黙を貫き、公人としての具体的証言を拒み通す。そんな中、七二（昭和四七）年にハーバード大学大学院に招かれて講演。「日米戦争は東京裁判でインドのパール判事が指摘したように、米国にも一半の責任はある。日本にとっては、自存自衛のための戦争だった」と述べる。

彼の主旨は、四一年七月に米国が取った「日本の在外資産の全面凍結」「石油の禁輸」措置、並びに一一月の「ハル・ノート」（『満州国』を含む全中国からの撤兵要求）手交への論難だ。が、七月の強行措置は、日本軍の南部仏印への進駐（フランスの対独敗戦に付け込む行動）に対する制裁措置であり、日本は「まいた種」を刈り取らねばならぬ自業自得の憂き目を見た、とも映る。

欧州では日本と同盟関係にあるナチス・ドイツが前年に北欧やオランダ・ベルギーへ電撃的に侵攻。フランスにも攻め入り、六月にはパリ陥落。イギリスもロンドン空襲を受け、風前の灯とさえ映った。私は朝日新聞記者当時の四〇年近く前、敗戦時の海軍省軍務局長で機微に通じる保科善四郎氏（元海軍中将、戦後に衆院議員四期）と差しでじっくり面談し、こんな証言を得ている。

――米内光政元首相や野村吉三郎元外相に山本五十六元連合艦隊司令長官と海軍の主流はみんな親英米派で、対米開戦には反対だった。だが、視野の狭い陸軍側が欧州でのドイツ軍の破竹の勢いに目がくらんで勝ち馬に乗ろうと開戦を決意し、海軍も引きずられて追随した。返す返すも悔やまれる。

前出のハル・ノートなどの一件だけを持ち出し、日本はアメリカの挑発によって戦争に誘い込まれたのだ、と説く向きがある。が、それは木を見て森を見ない類、と私は考える。日本は東アジアのガキ大将然と中国へ勝手に攻め入り、あげくに戦火を太平洋全域にまで拡大。日本人三百万人、アジア全域では二千万人もの尊い人命が失われた。戦後のドイツはナチズムの過ちを厳しく追究、反省したが、日本は趣きを異にする。私は敗戦時に一〇歳。戦禍の惨さを肌で知る一人として、憲法九条改正を唱える安倍首相に対し、こう言いたい。

――武力で平和はつくれない。

〈『大法輪』二〇一九年八月号〉

著者略歴
横田　喬（よこた・たかし）
1935年、富山県生まれ。
東京大学文学部仏文科卒業。元朝日新聞社会部記者。
〈著書〉
『白隠伝』（大法輪閣）、『下町そぞろ歩き』（日貿出版社）、『西東京人物誌』（けやき出版）
〈共著〉
『新人国記』（全十巻、朝日新聞社）、『山田みどりのロシアありのまま』（ほんの木）

反骨のDNA——時代を映す人物記

2020年8月31日　　初版第1刷発行

著　者　　横田　喬
発行者　　川上　隆
発行所　　株式会社同時代社
〒101-0065　東京都千代田区西神田2-7-6
電話　03(3261)3149　FAX　03(3261)3237
組　版　　有限会社閏月社
装　幀　　クリエイティブ・コンセプト
題　字　　横田淳子
印　刷　　中央精版印刷株式会社

ISBN978-4-88683-884-1